comunicar é negociar

CONSELHO EDITORIAL

Alessandra Teixeira Primo – UFRGS
Álvaro Nunes Larangeira – UFES
André Lemos – UFBA
André Parente – UFRJ
Carla Rodrigues – UFRJ
Cíntia Sanmartin Fernandes – UERJ
Cristiane Finger – PUCRS
Cristiane Freitas Gutfreind – PUCRS
Erick Felinto – UERJ
Francisco Rüdiger – UFRGS
Giovana Scareli – UFSJ
Jaqueline Moll – UFRGS
João Freire Filho – UFRJ
Juremir Machado da Silva – PUCRS
Luiz Mauricio Azevedo – USP
Maria Immacolata Vassallo de Lopes – USP
Maura Penna – UFPB
Micael Herschmann – UFRJ
Michel Maffesoli – Paris V
Moisés de Lemos Martins – Universidade do Minho
Muniz Sodré – UFRJ
Philippe Joron – Montpellier III
Renato Janine Ribeiro – USP
Rose de Melo Rocha – ESPM
Simone Mainieri Paulon – UFRGS
Vicente Molina Neto – UFRGS

APOIO

COLEÇÃO ALDEIA GLOBAL

Dominique Wolton
comunicar é negociar

TRADUÇÃO
JUREMIR MACHADO DA SILVA

Editora Sulina

Copyright © Dominique Wolton, 2023
Copyright © Editora Meridional, 2023
Copyright © CNRS Éditions, 2022

Titulo orginal: *Communiquer, c'est négocier*

Capa e projeto gráfico
Cintia Belloc

Revisão
Simone Ceré

Editor
Luis Antonio Paim Gomes

Coordenador da Coleção Aldeia Global
Juremir Machado da Silva

Bibliotecária responsável: Denise Mari de Andrade Souza CRB 10/960

W869c   Wolton, Dominique
           Comunicar é negociar / Dominique Wolton, tradução de Juremir Machado da Silva. – Porto Alegre: Sulina, 2023.
           128 p.; 14x21 cm.

           Título original: Communiquer, c'est négocier.

           ISBN: 978-65-5759-108-6

           1. Comunicação. 2. Tecnologia da Informação. 3. Ciências Sociais. 4.Comunicação e Tecnologia. I. Título.

CDU: 316
CDD: 301.14

Todos os direitos desta edição reservados à
EDITORA MERIDIONAL LTDA.
Rua Leopoldo Bier, 644 – 4º andar
CEP: 90620-100 – Porto Alegre – RS
Tel.: (51) 3110-9801
sulina@editorasulina.com.br
www.editorasulina.com.br

Maio/2023
Impresso no Brasil/*Printed in Brazil*

Para D, El, Ed...

Sumário

Introdução — UMA TEORIA POLÍTICA DA COMUNICAÇÃO 11

Capítulo I — RECEPTOR E ALTERIDADE 17

Muros e fronteiras: a eterna questão da relação com o outro 19

Incomunicação e alteridade 24

"Se todos falam, quem ouve?" 30

Quatro estereótipos sobre informação e comunicação 35

A nova ordem sexual 39

Publicidade: pensar esse claro-escuro 43

Artistas pegos na armadilha 50

Uma juventude pouco amada 52

Bibliografia *Hermès* 53

Bibliogria complementar 54

Capítulo II — GLOBALIZAÇÃO, DIVERSIDADE CULTURAL, TRADUÇÃO 55

A terceira globalização 57

O papa: a voz da diversidade 64

Francosfera? A francofonia na globalização 68

Diplomacia e comunicação, o mesmo desafio 70

O imenso, indescritível e impensável Pacífico 75

BRICS, uma convivência absurda 79

Música, nossa universalidade 83

Bibliografia *Hermès* 84

Bibliografia complementar 85

Capítulo III — A FORÇA DA UNIÃO EUROPEIA 87

União Europeia, vitória da incomunicação 88

Revalorizar o quarteto: relação com o passado,
com a identidade, com a nação e com as religiões
do Livro 92

União Europeia, uma invenção política sem
informação nem comunicação 94

Incomunicação, motor da Europa 102

Vinte e cinco projetos teóricos e políticos para
a União Europeia 107

Bibliografia *Hermès* 115

Bibliografia complementar 116

Conclusão A INCONTORNÁVEL QUESTÃO DA ALTERIDADE 117

Epílogo DUAS FILOSOFIAS DE COMUNICAÇÃO 125

Índice de destaques

Informação e comunicação: cada vez mais complicado 23

As cinco dimensões da informação 23

Três inseparáveis: comunicação, incomunicação, *acomunicação* 29

Redes e alteridade 38

Do aborto à PMA na França 43

Disputa pela legitimidade 49

A tentação tecnológica 51

Diversidade cultural, um desafio tão grande quanto o do clima 62

Condições para uma comunicação honesta 67

Natureza e sociedade: dois pesos, duas medidas 75

Incomunicação, matriz indispensável da política 82

Informação e comunicação: um destino comum 91

As fronteiras da Europa 102

Pensar a incomunicação 106

Informação e comunicação: cinco grandes dimensões 118

INTRODUÇÃO
Uma teoria política da comunicação

Um dos desafios fundamentais do século XXI? Fazer entrar, enfim, a informação e a comunicação no panteão dos grandes conceitos e valores do século. De resto, os dois são indispensáveis para pensar um mundo aberto e de difícil compreensão. Apesar disso, esses dois conceitos são, com frequência, desvalorizados e provocam desconfiança.

Informação é, contudo, símbolo de liberdade; comunicação, símbolo de reconhecimento do outro e da necessidade de negociação. Esses dois conceitos encontram-se, aliás, no centro da paz e da guerra num mundo "aberto e transparente", onde é preciso, ao mesmo tempo, preservar as identidades, a diversidade cultural e a referência ao universal. Eles são essenciais para se evitar a guerra e favorecer a convivência.

É este trabalho teórico que venho realizando há mais de trinta anos, refletindo sobre as múltiplas situações pessoais, culturais, sociais, políticas e diplomáticas feitas de comunicação e não comunicação. Isso para ajudar a preencher o vazio teórico sobre o status da informação e da comunicação no campo do conhecimento.

Esses dois conceitos são essenciais por três razões. Epistemológica: porque são fundamentais para qualquer teoria do conhecimento e para a interdisciplinaridade. Eles também são centrais para as liberdades individuais, políticas e culturais. Finalmente, são necessários, na era da globalização, pela questão das identidades e da diversidade cultural. Este trabalho é feito também na revista *Hermès* (CNRS Éditions), que criei em 1988, com 88 edições até agora, cujo subtítulo, "comunicação, cognição, política", ilustra bem essas perspectivas teóricas. Alguns textos deste livro foram publicados lá em versão original.

Produção de conhecimento, comparações, história e erudição são essenciais para tentar pensar a revolução da informação e da comunicação que está impactando nossas análises e experiências.

O risco hoje é a perda massiva de confiança na informação e na comunicação, no momento em que, paradoxalmente, ambas nunca foram tão essenciais. As crescentes dificuldades da comunicação humana explicam em grande parte o sucesso da comunicação tecnológica, que muitas vezes é mais eficiente, a ponto de muitos crerem que existe uma possível continuidade entre essas duas comunicações. A realidade humana e social, contudo, permanece muito mais complexa do que o desempenho das tecnologias.

Em suma, estamos diante de uma crescente falta de comunicação e diante da ilusão de uma comunicação tecnológica bem-sucedida. Triunfo da ideologia tecnicista contra a desumanização; confusão entre interatividade tecnológica e intercompreensão humana. Desafio do século XXI? Gerenciar a relação entre alteridade, negociação e convivência. Este século descobre com dor a dimensão da incomunicação, a necessidade da negociação e, finalmente, a dificuldade da convivência, três elementos que estão no coração da comunicação. Em poucas palavras, meu objetivo é defender uma concepção política e não tecnológica da comunicação e sair o mais rápido possível do ponto cego do pensamento teórico e político que desvaloriza demais a informação, a comunicação e a incomunicação. É preciso pensar na transição da revolução da informação do século XX para as incertezas das relações humanas no século XXI. Relativizar o papel da tecnologia. Recolocar o indivíduo no centro das discussões. Redescobrir as dimensões culturais e políticas da informação e da comunicação, ambas essenciais à democracia. Além disso, essas três palavras – incomunicação, negociação e convivência – são o pivô da história política contemporânea.

De certa forma, caracterizam o novo espaço público na era da globalização. Não há comunicação política sem liberdade, igualdade e respeito pela alteridade, nem sem referência a identidades e diversidade cultural. Não há comunicação política sem negociação e sem a organização da convivência cultural ou sem referência a valores universais.

É aqui que a União Europeia é um grande exemplo. Membros da União Europeia "discordam em tudo, mas estão sempre juntos". Ainda que de modo algum enganados pelo que os separa, pouco atraídos uns pelos outros, superam, no entanto, sua falta de comunicação por meio de negociações incessantes, e assim contribuem, mesmo sem ter plena consciência disso, para a construção de uma coexistência política e social.

A União Europeia ilustra a força desses dois conceitos políticos, informação e comunicação, e seu protagonismo na negociação e na coexistência cultural.

Um exemplo recente exemplifica o papel da comunicação e da incomunicação a respeito da Europa e da Ucrânia. Desde o fim do comunismo, há trinta anos, multiplicaram-se

Comunicar é negociar • 13

as trocas entre as duas Europas sem conseguir aproximá-las. Certa desconfiança permaneceu. Contudo, por ocasião da guerra iniciada em fevereiro de 2022, para além das incompreensões, a solidariedade triunfou com o slogan "viva a Ucrânia, viva a Europa". A tragédia aproxima as duas Europas e mostra o papel da superação das dificuldades de comunicação. A força da Europa é se recompor e se fortalecer por ocasião de acontecimentos trágicos. Este é o caso hoje da Ucrânia, como foi com o Brexit e com a Covid-19.

Os três capítulos deste livro mostram, com exemplos históricos, por que e como hoje comunicar significa negociar para evitar o fracasso da comunicação e conseguir viver juntos. Isso aparece no capítulo 1, com o papel da comunicação em todas as realidades contemporâneas. No capítulo 2, com os riscos de incompreensão decorrentes da globalização. Por fim, no capítulo 3, no qual, ao contrário, descobrimos o quanto a dificuldade de comunicação contribui para a construção da União Europeia. Finalmente, a conclusão sublinha a importância das dimensões políticas. Na realidade, a dificuldade de comunicação está entre dois extremos: o sucesso da comunicação e, ao contrário, o seu fracasso, a ausência de comunicação[1].

Uma palavra final sobre negociação. Ela é essencial para a comunicação, apesar de nem sempre ser valorizada. Na maioria das vezes somos forçados a negociar quando não podemos fazer o contrário. Negociar, portanto, implica fazer concessões. Preferimos estar logo de acordo ou impor uma escolha. Mas, da vida privada à vida pública, das

---

1. Nota do tradutor: Dominique Wolton usa três conceitos: comunicação, incomunicação (dificuldade de comunicação) e *acomunicação* (ausência de comunicação). Para evitar confusão com o sentido usual de incomunicação em português, os conceitos aparecerão sempre abertos sempre que possível: comunicação, dificuldade de comunicação e ausência de comunicação.

relações sociais à globalização, passamos nosso tempo negociando. Isso significa simplesmente que não podemos mais ignorar o outro... Na realidade, a negociação é a base da democracia. Tudo é negociado, mesmo que leve tempo e exija concessões mútuas. Não há negociação sem comunicação e vice-versa.

CAPÍTULO I

Receptor e alteridade

O peso da alteridade é a grande descoberta da globalização. Tudo está aberto, tudo circula, informações e interações são onipresentes, mas as diferenças nunca foram tão visíveis e as fronteiras culturais nunca foram tão extremas. Todos estão procurando o que nos une, ou seja, o "mesmo", mas constantemente nos deparamos com o outro. A dificuldade de comunicação aumenta com os intercâmbios; a falta de comunicação ameaça. Após a revolução da informação política e tecnológica do século XX, deparamo-nos com as incertezas da comunicação e descobrimos por que a interatividade tecnológica não é sinônimo de compreensão mútua humana. O peso da alteridade nunca esteve tão presente como neste início do século XXI, seja com a aceleração tecnológica, seja com o reconhecimento da importância da negociação para administrar as crescentes incompreensões. Apostar em tecnologias ou em pessoas? No face a face tecnológico ou na negociação política? Sabemos a resposta que prevalece hoje.

Na realidade, a dificuldade da comunicação consiste em conseguir criar espaços de negociação entre identidade, alteridade e convivência. Essa necessidade imperativa resulta em grande parte da abertura do mundo, da velocidade de circulação das mensagens, da performance das redes de conexão e da visibilidade das diferenças e identidades.

Apesar da oposição quase radical entre essas duas filosofias de comunicação tecnológica e humana, dois exemplos simples ilustram a ligação duradoura entre o desempenho técnico e a busca da comunicação humana. Apesar das infinitas possibilidades de uso do smartphone, a pergunta mais repetida, várias vezes ao dia, no mundo continua sendo esta: "Onde você está?", ou seja, aquela dirigida a quem amamos, uma questão muito mais importante do que todos os "apps"... Segundo exemplo: quando parceiros negociam usando incontáveis interações tecnológicas, graças a conexões cada vez mais eficientes, os protagonistas muitas vezes acabam dizendo para si mesmos: "Bem, quando nos veremos de verdade?". Eterna complexidade das relações entre seres humanos, tecnologias, contextos...

Três setores ilustram a dimensão da falta de comunicação e a necessidade de negociar. Vem, antes de tudo, a questão central do receptor. Aquele que acreditávamos estar em sintonia com o emissor e com a mensagem torna-se cada vez mais autônomo. Quem é o receptor? O primeiro rosto da alteridade. Em segundo lugar, a globalização torna ainda mais visível o peso da alteridade, que pode levar à falta de comunicação. A globalização pode se transformar em tantas guerras culturais e religiosas, como já se pode ver. Isso depende da capacidade de negociar e conviver com todas as identidades culturais existentes. Contextos e desigualdades acentuam ainda mais o risco de confronto. É o que chamo de terceira globalização, aquela em que os conflitos culturais estão, justamente, ganhando espaço em paralelo às relações de força econômica, social e política. Os povos nunca abandonam as suas identidades culturais. Basta olhar para a Ucrânia. O terceiro caso, positivo, no que diz respeito à importância da negociação, é o da União Europeia: belo exemplo de uma dificuldade de comunicação que se torna força política.

Em última análise, a complexidade da comunicação é crescente e resulta do percurso altamente incerto entre o emissor, a mensagem, o receptor, o contexto, as desigualdades, as trocas comunicacionais, a ruptura ou a convivência...

Muros e fronteiras: a eterna questão da relação com o outro[2]

Em um mundo no qual a liberdade de ir e vir continua sendo um valor dominante, nunca houve tantos muros e fronteiras. Será esse o símbolo do retorno dos "territórios" após a vitória dos "espaços"? Nações são sociedades com seres humanos, poderes, histórias, ideologias em contradição com a realidade tecnológica dominada pela circulação supostamente angelical e pela "igualdade" informacional. Além disso, esquecemos que o "liberalismo", símbolo de liberdade de movimento, sempre andou acompanhado pelo desenvolvimento de desigualdades e fronteiras! Nunca houve tanto discurso sobre liberdade e igualdade e nunca tanta racionalidade perversa e desigualdades, como a Escola de Frankfurt magistralmente previu.

A modernidade traz com ela desigualdades, racionalizações e barreiras de todo tipo. Muros e fronteiras correspondem até certo ponto ao que ocorre com a ideologia da circulação. Lá onde as redes ampliam a liberdade e o movimento, as

---

2. "Muros e fronteiras". In: *Hermès*, Paris: CNRS, 2012, nº 63, p. 207-211.

fronteiras, porém, prevalecem. Mais de 40.000 km de muros no mundo... *Imobilidade de muros e fronteiras contra a mobilidade do mundo contemporâneo.* Abertura ou fechamento, circulação ou negociação simbolizam nosso relacionamento com os outros. A verdadeira questão torna-se então esta: que lugar damos à diversidade? Com base numa visão hierárquica, como frequentemente na história, ou com base numa ideia igualitária, como tentamos pensar há um século? Quanto tempo se levará para atingir um mínimo de convivência entre os seres humanos, uns com os outros, entre as sociedades? Em resumo, toda questão de muros e fronteiras faz eco à da comunicação. *A questão é sempre a mesma com ou sem muros: negação do outro ou convivência com ele?* Qual é o grau de igualdade e de respeito pelas diferenças? Em outras palavras, há tantos muros e fronteiras quanto há modos de comunicação. Ambos são obstáculos à comunicação e também a condição incontornável da relação com o outro. Assim como interação não é comunicação, a existência de muros e fronteiras não impede trocas.

Nem sempre há ódio nas linhas divisórias. A questão é a natureza dos muros, fronteiras e valores existentes de cada lado. O fato de não haver igualdade entre os dois lados não impede, às vezes, nas margens e nos limites, que muitas trocas aconteçam. As *zonas fronteiriças*, como se costuma dizer, são desde sempre espaços e territórios "à parte", onde se convive de outro modo. Infelizmente elas nem sempre chamam a atenção.

De qualquer forma, a relação entre a identidade e os muros é complexa. Não há vida individual ou coletiva sem identidade e, portanto, sem fechamento, que pode se transformar em confinamento comunitário. Além disso, existem dois tipos de muros e fronteiras: os que dão vontade de ver o outro lado e os que afugentam. Além disso, com o mundo aberto e tecnológico de hoje, vemos a multiplicação de muros imaginários. Basta olhar para os indivíduos multiconectados, incapazes de sair de sua "solidão interativa", tornando-se alheios à realidade, inadequados para simples relacionamentos com outros. Fones nos ouvidos e telas, símbolos de "abertura", criam dissimuladamente novas fronteiras. *Também aí há conversa fiada denunciando os muros e fronteiras enquanto cada um brinca com os seus... Em suma, há dois tipos de muros e fronteiras*: os que protegem e garantem a identidade e a soberania; e os que simbolizam relações de força, dominação, guerras, dificuldades de comunicação. O melhor exemplo da ambivalência dos muros e fronteiras? O projeto político da União Europeia. Passar em cinquenta anos de seis para 27 membros é um exemplo magnífico da capacidade dos seres humanos de superar fronteiras e criar. *União Europeia? A maior utopia democrática da história da humanidade.* Hoje com 4,1 milhões de quilômetros quadrados, 27 países, 26 línguas, mais de 60 fronteiras, 450 milhões de habitantes, que nada têm a dizer uns aos outros e que, no entanto, empurram constantemente para trás as suas fronteiras comuns, sem, contudo, se compreender ou querer se aproximar. A fronteira externa de Schengen, ainda que assustadora, define assim um imenso espaço interno onde tudo circula. Essas áreas de fronteira são ótimos exemplos de convivência. Como se os povos, com coragem, conseguissem empurrar para trás as fronteiras da incomunicação sem, ao mesmo tempo, querer entender-se muito melhor. Proximidade e distância. Magnífica ambivalência na relação entre espaços abertos e espaços fechados. Sem esquecer os 40.000 km de muros no mundo...

Se hoje, quando a Europa se fecha demais em relação ao Sul e ao Leste, aos quais, no entanto, ela deve muito, todos sabem vagamente que essa tentação de um novo fechamento não pode durar muito. Primeiro porque os "vizinhos" denunciarão uma traição aos valores da União Europeia e depois porque o "outro", tão "ameaçador", faz parte, no entanto, da constituição da nossa identidade cultural coletiva.

Toda a ambivalência dos muros e fronteiras pode ser lida na história da Europa. A Primavera Árabe mostra, apesar da relutância do Norte da Europa, que as fronteiras já não são intangíveis. *Finalmente a história subverte a veleidade de ter muros e fronteiras permanentes.* Os seres humanos facilmente se fecham em guetos para se "proteger" dos outros, quando muitas vezes é "de si mesmos" que desejam se proteger. Desse ponto de vista, as desigualdades, num mundo onde tudo é visível, podem tornar-se um grande fator de ódio e exclusão ou, ao contrário, um acelerador da consciência da obrigação de aprender a conviver.

De fato, a questão normativa é: *como administrar a incomunicação ainda mais visível em um mundo aberto sem que ela leve a novos isolamentos?* Como preservar os ganhos da liberdade de expressão, de movimento, de um pouco mais de respeito, sem causar um retorno cada vez maior às fronteiras? Quais são os vínculos entre a questão das redes e a dos muros e fronteiras? Como pensar o "fora da rede", equivalente a uma lógica de exclusão? Tudo o que não está do lado do "mesmo" corre o risco de ser excluído. *As redes nem sempre estão do lado da liberdade, assim como os muros nem sempre estão do lado da exclusão.*

É como se o ser humano, incapaz de assumir mais liberdades e movimentos, tivesse a eterna tentação de recriar simultaneamente, por todo lado, outros muros e fronteiras. A capacidade das sociedades de reinventar processos de incomunicação e exclusão é infinita. Nada impede, por exemplo, que a União Europeia, com Schengen sendo cada vez mais criticado, signifique, em última análise, um desejo de isolamento após tantos anos de abertura. A tradição de excluir o outro é ainda mais antiga que a da cooperação. Inversamente a tragédia da guerra na Ucrânia nos lembra que fronteiras, territórios e identidades também podem ser os símbolos mais poderosos de liberdade, democracia e emancipação...

INFORMAÇÃO E COMUNICAÇÃO: CADA VEZ MAIS COMPLICADO

A informação está historicamente ligada à política e à liberdade de imprensa. Hoje, abrange cinco sentidos heterogêneos: informação política, serviços, instituições, conhecimento, relações humanas. A indústria de dados reforça o domínio da informação. O conceito de comunicação hoje também se refere a cinco significados muito diferentes: compartilhamento, transmissão, sedução, negociação, poder. As relações são, portanto, cada vez mais complexas; a questão do receptor, assim como a do contexto, nada simplifica... Daí a ideia de que muita informação facilitaria o entendimento mútuo. Mas, se bastasse informar para se comunicar e se entender, tudo estaria resolvido. *Nunca houve tanta informação no mundo e nunca tanta incomunicação.* Já é tempo de reconhecer o papel central e teórico da incomunicação.

AS CINCO DIMENSÕES DA INFORMAÇÃO

- Informação política: frágil porque está ligada à democracia.
- Informação como serviço: feita para os negócios, o dia a dia e as relações sociais. Está na origem do imenso mercado da internet.
- Informação institucional com "dados": trinta anos de crescimento.
- Informação como conhecimento: incerta, pois a soma de informações não é sinônimo de conhecimento e cultura.
- Informação relacional: ligada à ascensão das redes.

Incomunicação e alteridade[3]

Pensar no papel das "três inseparáveis" (comunicação, dificuldade de comunicação, ausência de comunicação)[4] tem sido o meu trabalho ao longo de mais de trinta anos de pesquisa.

Na década de 1970, a chegada dos computadores e da telemática já causava um grande rebuliço: tudo tinha que mudar, um outro mundo precisava tomar forma. A imprensa, com o que já se chamava de o surgimento das "novas mídias", passava então por profundas mutações. Havia uma lacuna óbvia entre a revolução tecnológica da informação e a imprensa. No entanto, a chegada massiva de computadores não mudou tudo, assim como a internet atualmente também não o fez. Como, porém, não há memória em relação às tecnologias de comunicação, tudo recomeça a cada vez.

Na época, eu já tinha em mente essa dualidade da informação, que mencionei em *O futuro da informação: da imprensa escrita às novas mídias* (1978)[5]. Lançado há mais de quarenta anos, o título poderia ser retomado hoje com a mesma temática! Eu era fascinado pelo descolamento entre a informação tecnológica e a informação na imprensa. Naquela época, ainda não havia "dados", mas o conteúdo da "imprensa" já estava desaparecendo gradativamente em relação às performances tecnológicas. Só se falava em tecnologia, como se o conteúdo fosse secundário. No entanto, o contrário é que é essencial: a diversidade de conteúdos,

---

3. "O outro não é um dado". In: *Hermès*, Paris: CNRS, 2014, nº 68, p. 212-217.
4. Nota do tradutor: comunicação, incomunicação e *acomunicação*.
5. Lepigeon, Louis et Wolton, Dominique. *L'Information demain, de la presse écrite aux nouveaux médias*. Paris: La Documentation Française, 1978.

não as redes. Foi então que distingui quatro dimensões da informação.

A essas distinções, concebidas a partir do final da década de 1970, acrescentei uma quinta categoria, que não existia na época: *informação relacional*, referente às redes sociais. Pesquisas sobre a informatização da imprensa há quarenta anos concluíram pelo triunfo dos dados em relação a informação política, conhecimento e cultura. Quanto mais fácil era produzir e distribuir informações, mais seu status se diferenciava. Acontecimentos desde então confirmaram essa hipótese, mas paradoxalmente continuamos a falar da "revolução da informação", sem perceber que ela significa coisas radicalmente diferentes. Somos fascinados pelos mercados de serviços de informação e dados, ainda que os desafios relativos à política, liberdades públicas, conhecimento e cultura em tempos de GAFAM[6] sejam muito mais sérios.

Posteriormente interessei-me pelas condições de funcionamento do espaço público contemporâneo, mídia e opinião pública. Gradualmente passei do problema da informação para o da comunicação. Os meios de comunicação de massa e o funcionamento do espaço público são questões de imensa complexidade, pois as trocas são onipresentes e ocorrem sob o pano de fundo de uma abertura sem norte.

É por essa razão que a informação me pareceu muito mais simples do que a comunicação. A questão da relação informação-comunicação deparou-se com o medo da manipulação pela televisão. Pensava-se que os cidadãos seriam manipulados pela mídia. A *desconfiança* tomou conta da comunicação, que se tornou a mal-amada de nossas democracias. Procurei muito cedo, ao contrário, valorizar o conceito de comunicação, bem como a capacidade crítica do

---

6. Nota do tradutor: Google, Apple, Facebook, Amazon, Microsoft.

consumidor. Em particular, construindo um modelo teórico de comunicação política e mostrando a diferença entre espaço comum, público e político.

O problema da comunicação já apontava o nariz. Por que as pessoas não se entendem quando a informação está por toda parte e as redes são cada vez mais numerosas e interativas? Eu era fascinado pela incompreensão, mas ainda não fazia a conexão com a grande questão da incomunicação[7]. Saí então da esfera pública nacional e me interessei pela construção política da União Europeia, após os debates sobre o Tratado de Maastricht, em 1992. Trabalhei também nos Territórios Ultramarinos, onde encontrei a mesma forma de não comunicação apesar do uso de uma linguagem comum. A questão da diversidade cultural me parecia então inevitável. É por isso que ampliei meu pensamento da comunicação política para a comunicação intercultural e a questão da alteridade, tendo como consequência radical a obrigação de pensar a *diversidade cultural* e construir o conceito de coexistência cultural. Acredito que, à força de viajar pelo mundo, a realidade da alteridade se impôs definitivamente a mim. Também tenho sido cada vez mais perseguido pela *tradução* como desafio da globalização. O esquema se encaixou: todos buscamos a comunicação e, na melhor das hipóteses, convivemos. Se convivemos, é porque a comunicação está no horizonte da dificuldade de comunicação.

Valorizar o desafio da convivência cultural me pareceu a melhor forma de reconhecer a dimensão da dificuldade de comunicação.

Foi assim que pensei sobre os três significados da palavra comunicação: compartilhamento, transmissão e negociação. Por que os especialistas em rede são tão confiantes na

---

7. Nota do tradutor: no sentido empregado pelo autor de dificuldade de comunicação.

comunicação e tão cautelosos com a incomunicação? Além disso, fui marcado pela psicanálise, que insiste nos fracassos, nos deslocamentos, nas repetições, que todos encontram diariamente na comunicação. Essa complexidade sempre me interessou em relação ao positivismo da tecnologia. Quando eu era mais jovem, queria fazer pesquisas sobre a politização da vida cotidiana, sendo na época influenciado por Henri Lefebvre. Finalmente mudei o assunto da minha tese para trabalhar na revolução dos costumes. Acompanhando os movimentos de emancipação, descobri aí também especialmente, e bem antes do sucesso das conexões e redes, a dificuldade de comunicação existente entre homens e mulheres...

Depois desse trabalho sobre os costumes, quis entender como os trabalhadores poderiam tentar analisar o progresso tecnológico simbolizado na época pela "revolução" do computador. Passei cinco anos na Confederação Francesa Democrática do Trabalho (CFDT), não como ativista, mas como pesquisador. Foi uma experiência sobre dificuldade de comunicação. Os trabalhadores, impelidos a se modernizar, não conseguiam se apropriar dos computadores; era uma forma de falta de comunicação entre o progresso tecnológico e os seres humanos. A esquerda por tradição era favorável ao progresso tecnológico que deveria emancipar o homem. Então ela era em princípio favorável à informática. Poucos foram os que perceberam a terrível discrepância entre o aperfeiçoamento das tecnologias e o fato de isso não tornar os indivíduos mais felizes, sem falar no desaparecimento de profissões e qualificações. Com o triunfo da informática, foi toda uma visão do mundo que desapareceu.

É a mesma discrepância que vejo, quarenta anos depois, em relação à internet. Oito bilhões de usuários da internet amanhã não mudam o ser humano, que não é melhor, mesmo que seja perpassado por performances tecnológicas. Encontrei as mesmas perguntas: por que as pessoas não se dão melhor com ajuda do desempenho das suas ferramentas? Por que a quantidade de informações não produz mais compreensão mútua? Essa pesquisa levou à publicação de *A outra globalização*[8], uma reflexão sobre o peso da diversidade cultural diante da tecnologia. Sim, parece que estamos caminhando para uma aldeia global, mas sem melhorar o respeito mútuo. Além disso, a interatividade nem sempre é sinônimo de intercompreensão. Na realidade, *o desafio da comunicação não é a troca de informações, mas a alteridade, a negociação e a convivência*. Não é a multiconexão tecnológica que garante o entendimento ou a convivência, é a vontade política, ou não, de respeitar uns aos outros, apesar das suas diferenças. É por isso que, a meu ver, a comunicação é uma questão de política, no melhor sentido do termo, ou seja, de vontade de negociar num cenário de alteridade.

Uma das hipóteses sobre o desencanto em relação ao conceito de comunicação advém deste fato: ele é desvalorizado na medida das dificuldades humanas em compreender o outro. Preferimos tecnologias que troquem "informações" de forma eficaz, desconfiamos de uma comunicação muito complicada. *A tecnologia tornou-se a grande mercadora de ilusões*.

Em seu *Dicionário Filosófico*, Voltaire fala de "mesmice" para caracterizar este fenômeno universal: buscamos o outro, desde que ele se assemelhe a nós. *O outro não pode ser a imagem do mesmo*.

Hoje, estamos demasiadamente do lado da "mesmice". Há aqui um paradoxo: este mundo da comunicação generalizada deveria valorizar o outro, mas estamos constantemente reduzindo-o ao mesmo. Esse é o desafio da comunicação.

---

8. Literalmente, como é comum em francês, a outra mundialização (N.T.).

Procurar o mesmo, esbarrar no outro e, no entanto, querer que o outro se pareça com esse mesmo que se procura. A dificuldade de comunicação é, portanto, onipresente na vida. Quanto à *incomunicação radical*, a ausência de comunicação é impossibilidade de negociação, fracasso, morte, guerra. O problema do século XXI, num mundo muito pequeno, onde todo mundo vê tudo, sabe tudo, é encontrar uma maneira de suportar as diferenças e aprender a conviver.

A *questão da incomunicação* é, portanto, o desafio do século XXI: como aprender a conviver e a, no mínimo, tolerar-se quando a visibilidade de todas as diferenças se torna um fator a mais de antagonismo? Especialmente porque, desde o início da humanidade, os homens se matam quando se parecem, e matam-se igualmente quando não se parecem...

TRÊS INSEPARÁVEIS:
COMUNICAÇÃO, INCOMUNICAÇÃO, *ACOMUNICAÇÃO*

1. A comunicação é o grande negócio de todos. Ao longo da vida, todos buscam a comunicação para compartilhar, amar, conhecer. Infelizmente, na maioria das vezes, deparamo-nos com a incomunicação.
2. Para sair da incomunicação, negociamos para encontrar uma solução, desde que existam valores e linguagens comuns. Em caso de sucesso, convivemos, palavra modesta para uma realidade que não é modesta, porque a coabitação pressupõe concessões mútuas e o desejo de evitar rupturas.
3. A *acomunicação*, por outro lado, significa o fracasso da negociação. A alteridade radical se impõe, muitas vezes de forma violenta, com guerras e conflitos. Na maioria das

vezes, ela constitui o foco das relações internacionais. Está, infelizmente, aumentando com a globalização. Encontros acontecem, mas uns nada têm a dizer aos outros.

Na realidade, a comunicação quase sempre remete à comunicação política e essas três dimensões ilustram a importância do tempo e da negociação. Ao contrário da informação, que é rápida e eficiente, a comunicação continua frágil, lenta e incerta. Como a arte da diplomacia: não concordamos em nada, negociamos para evitar fracassos e rupturas. *Comunicação? O reino das palavras para evitar o dos golpes.*

A complexidade da comunicação, com essas três dimensões, explica a *tentação permanente da comunicação técnica*. Mais rápido, "interativo", "eficiente", dá a sensação de poder "simplificar" a comunicação humana. A "racionalidade" da comunicação técnica, contudo, não pode ser suficiente para preencher "a complexidade da comunicação humana". Especialmente porque são as pessoas que fazem a história. E elas não vivem de interatividade, mas de compreensão mútua.

Negociação em vez de conflito, essa é talvez a grandeza da comunicação: permanecer um valor central em um mundo aberto.

"Se todos falam, quem ouve?"[9]

Nas redes, apesar da palavra "social", a comunicação não apresenta solução para a incomunicação humana. O

---

9. Inédito, 2005.

progresso tecnológico não é sinônimo de progresso na intercompreensão humana.

O ideal é não apenas reduzir em 30% o uso semanal de smartphones e computadores, mas também lutar pelo retorno da voz, a grande ferramenta de comunicação. Não esqueçamos que os dois sistemas tecnológicos mais presentes no mundo são o telefone e o rádio. Duas tecnologias baseadas na voz! No entanto, ninguém mais deixa mensagem de voz. Todo mundo hoje troca mensagens de texto. Cuidado então com a incomunicação, pois o contexto do emissor nunca é o contexto do receptor e isso pode gerar interpretações errôneas. Com a voz, estamos no instantâneo: ouvimos o tom, sentimos a atmosfera, não estamos num universo simplificado ou "rígido" produzido por SMS e e-mail.

As redes satisfazem nossa necessidade de expressão, de contar nossa vida, nossa história, as tragédias, os amores, as esperanças. Mas será que temos com os outros a mesma atenção que reivindicamos para nós mesmos? Além desse "narcisismo expressivo" não há também, e talvez sobretudo, a busca pelo outro, a necessidade de sair da solidão da vida contemporânea.

Somos livres, mas sós. Eis a conquista positiva, porém ambígua, de dois séculos de emancipação. Não esqueçamos que existem muito poucas sociedades em que as pessoas se expressam livremente. A grande questão é, em última análise, esta: se todo mundo fala, quem ouve?

Ouvir?

Devemos ouvir porque isso significa simplesmente reconhecer o outro. Ouvir alguém é dar-lhe o mesmo status que a si mesmo, um progresso considerável na humanidade, porque durante milhares de anos não ouvimos o outro, não havia igualdade e muito menos respeito à diversidade. Na maioria das vezes, o poder e o silêncio dominavam. A comunicação, na verdade, significava o silêncio dos pobres. Como disse Jules Michelet, devemos fazer "falar os silêncios da História, esses terríveis clímax em que ela não diz mais nada e que são precisamente seus acordes mais trágicos"[10]. Portanto, falar e ouvir é um progresso. Mas leva tempo, principalmente para o diálogo.

Não há como voltar atrás, temos que aceitar repensar esse universo tecnológico extraordinário e diminuir a sua pressão para recuperarmos o peso da comunicação humana. Não se pode confundir velocidade e desempenho das ferramentas com a complexidade da comunicação humana e social. Precisamos retornar da velocidade da informação para a lentidão da compreensão. Essa lentidão todos nós a encontramos neste fato essencial: a *experiência*. Passamos o tempo a estabelecer relações de todos os tipos, logo a viver *experiências*, redescobrindo o tempo da comunicação. Há pelo menos vinte anos concebi esta expressão: *"Cuidado com as solidões interativas!"* Somos "hiperconectados", mas cada vez com menos contato humano.

Interação não é sinônimo de comunicação.

As consequências da não comunicação e a questão do respeito

A incomunicação é um conceito tão importante quanto o de comunicação. Porque, paradoxalmente, é o que leva a

---

10. *Journal* [Diário], t.1, p. 378 (nota do autor).

querer comunicar. É porque não concordamos entre nós, emocional ou profissionalmente, que negociamos. E é conversando que encontramos um terreno comum.

Tome-se o exemplo empresarial, sempre há falha de comunicação entre as estratégias dos dirigentes e as dos colaboradores. Mas, ao mesmo tempo, não é porque o poder está no topo e os empregados na base que deve vigorar um poder de direito divino. Os gestores devem ouvir o que os funcionários estão dizendo, mesmo que não possam levar isso completamente em conta, porque a estratégia da empresa continua sendo ganhar dinheiro.

Isso corresponde às três frases que me fascinam. Em primeiro lugar, "*informar não é comunicar*". Depois, "*comunicar é negociar*". E quando a negociação é bem-sucedida, "*comunicar é conviver*". Viver juntos é, em última análise, algo modesto. Não necessariamente gostamos uns dos outros, mas pelo menos nos respeitamos. A negociação também é interessante porque pressupõe respeito pelo outro. Não necessariamente igualdade, mas pelo menos respeito. É por isso que a *incomunicação* é paradoxalmente um progresso cultural e político. Permanece essa grande ideia da comunicação: palavras em vez de golpes.

O respeito pelas pessoas é, portanto, fundamental.

É preciso lembrar que todo ser humano é inteligente! Esse é, de resto, o fundamento da democracia, que retira sua legitimidade de eleições por sufrágio universal. O assalariado que, quando entra em uma empresa hoje, passa horas no smartphone, no computador, ou na frente da televisão para ver, ouvir o mundo, está perfeitamente ciente dos problemas. Ele sabe muito bem que a empresa para a qual é solicitado a "dar muito" pode ser recortada em vinte e oito pedaços em menos de seis meses. Portanto, não vamos perder de vista que os funcionários de hoje têm um senso crítico considerável. Eles, portanto, têm todo o interesse em ser ouvidos. Essa é também uma das mais fortes contradições políticas contemporâneas, a distância entre a atenção e o respeito dado à crítica.

A generalização dos serviços de "comunicação" ou "recursos humanos" nas empresas fez crescer o respeito. Reconhecemos o funcionário e admitimos que temos de ouvi--lo um pouco. A questão-chave permanece: ouvi-lo até que ponto? Falar não impede demissões. Os gestores geralmente estão convencidos de que os funcionários não entendem as questões globais ou financeiras, embora esses funcionários estejam agora superinformados! Há muita arrogância em dirigentes, que imaginam controlar tudo, até o momento em que eles mesmos são demitidos...

O respeito deve romper com os níveis hierárquicos, em particular deve levar em conta a fascinante questão do estereótipo, condição tanto da comunicação quanto da incomunicação. Quando não conhecemos o outro, o abordamos com estereótipos. O estereótipo é, portanto, a condição para ir em direção ao outro. Mas, ao mesmo tempo, o estereótipo é obviamente o obstáculo, porque o outro não é o que o estereótipo descreve. Estamos numa forma de contradição: não há comunicação sem estereótipo e o estereótipo é uma anticomunicação.

Quatro estereótipos sobre informação e comunicação[11]

"Comunicação é *com*[12]"

Por que essa admiração pela informação e essa desconfiança sistemática com a comunicação humana? Por que tamanha consideração pela comunicação tecnológica? Por que a informação seria honesta, a comunicação humana desonesta e a comunicação tecnológica virtuosa? De onde vem essa "neutralidade" da tecnologia? Por que esperar com tanto apetite a ação "inteligente" de oito bilhões de internautas? Eis o equívoco: *a comunicação tecnológica experimentada como meio de compensação dos limites da comunicação humana.*

Essa desconfiança na maioria das vezes diz respeito ao outro e nunca a si mesmo. O outro, o vizinho, o próximo, é ingênuo, enganado, manipulado, enquanto eu sei me proteger. No fundo, porém, por que o outro seria tão fácil de enganar? E por que não eu? Por que imaginar que o vizinho não tem a mesma inteligência crítica que nós? Paradoxo? Há cada vez mais desconfiança quanto à comunicação e cada vez menos em relação à informação, numa altura em que esta, na sua forma digital e interativa, cai na armadilha das *fake news*[13]. Por que essa ilusão quanto ao domínio da informação e essa desconfiança permanente em referência à comunicação?

---

11. "Estereótipos ainda e sempre". In: *Hermès*, Paris: CNRS, 2019, nº 83, p. 20-24.

12. No jargão do campo da comunicação francês, "com" remete a relações públicas, comunicação social, marketing, técnicas de cuidado de imagem (N.T.).

13. O autor usa o neologismo *infox*, que joga com intoxicação por informações falsas, comum na terminologia francesa acadêmica e jornalística (N.T.).

"O público. Passivo com a mídia, ativo na internet"

O estereótipo da passividade pública diante da mídia persiste falsamente nos últimos sessenta anos, com este clássico equívoco: confunde-se o silêncio do público nas ditaduras com o controle das consciências. Nesses regimes, os cidadãos ouvem, mas não são ingênuos. Eles veem a realidade do poder. Nas democracias, ao contrário, nunca apresentamos a prova dessa manipulação "óbvia" das consciências.

A experiência e as pesquisas têm demonstrado, ao contrário, que se a oferta de programas obviamente exerce uma influência, isso é modulado pelo peso das ideologias, idades, sexos. Ouvir, assistir não significa necessariamente aderir. A mesma mensagem dirigida a todos nunca é recebida da mesma forma. Não há mais "liberdade" nas redes do que "dominação" na mídia. Desvalorizar o espectador "passivo" e valorizar o internauta "ativo" coloca entre parêntese a complexa questão do receptor e do contexto. Não, a inteligência mobilizada e as habilidades cognitivas não são mais "superiores" com o computador do que com a mídia. A demanda não é necessariamente sinônimo de liberdade e progresso. A oferta, por outro lado, não é sinônimo de rigidez, mentira ou manipulação.

"Informação é coisa séria, comunicação não"

Não há informação sem comunicação, ou seja, sem relação. A informação sempre tenta ser compreendida. Então sempre há comunicação, inclusive na informação. Se a informação é séria, por que a comunicação não seria? Ainda mais que, com a explosão das *fake news*, a suspeita agora avança sobre a informação como se deu antes com a comunicação.

Isso também é óbvio para os jornalistas. Eles não têm razão em repetir incansavelmente que "a informação é coisa séria e a comunicação não". O receptor nem sempre é estúpido, longe disso, mesmo que nem sempre tenha razão. Não é suficiente dizer-lhe algo para ele acreditar. Manipulamos muito menos do que sonhamos ou tememos. Além disso, a interatividade possibilitada pela tecnologia é bem diferente da comunicação. Não são sinônimos. Daí a necessidade de reforçar o papel essencial dos jornalistas na seleção do que é publicado. Quanto mais informação houver, mais é essencial defender o jornalismo, o mesmo valendo para *bibliotecários, arquivistas* e *tradutores*!

Assim como a comunicação humana é mais difícil de praticar com êxito do que a comunicação técnica, a comunicação é mais complicada do que a informação. A comunicação remete imediatamente à alteridade e à relação com os receptores. *Receptor? Provavelmente a questão mais complicada da comunicação.*

"Conectar-se é compartilhar"

Aqui estamos no centro do estereótipo das redes e do mito da comunicação tecnológica. Se bastasse falar e expressar-se para se compreender, tudo estaria resolvido, porque do telefone ao rádio, da televisão às redes, não falta tecnologia, nem expressão, nem interatividade. Mas interatividade não é sinônimo de comunicação. A velocidade das trocas e o volume de informações em circulação não são suficientes para produzir intercompreensão. *A interação é técnica, a intercompreensão, humana.* Desconfiança, violência, ódio ao outro não desaparecem com a tecnologia. Por que a tecnologia deveria ter êxito onde os homens falham? Por que em cinquenta anos, com mais de cinco bilhões de aparelhos de rádio, quase tantos aparelhos de televisão e logo de computadores, não houve mais compreensão e respeito mútuos? Como essa facilidade de troca de informações atinge estereótipos, clichês, mentiras, violência, ideologias?

REDES E ALTERIDADE

Redes – sociais, políticas, religiosas, militares – sempre existiram. A força delas está em reunir indivíduos ou comunidades por afinidades. As tecnologias de comunicação, incluindo as redes digitais, têm facilitado constantemente sua criação e ação. Mas o inverso é o risco da multiplicação dos comunitarismos. Todo mundo se fecha em sua comunidade. E, sobretudo, como não deslegitimar quem está *fora* das redes? O que está fora da rede parece, erroneamente, menos importante. Quanto mais redes existem, mais, ao contrário, é necessário não esquecer ninguém e é indispensável preservar o lugar da alteridade. O futuro da sociedade como um todo está em jogo. Devemos deixar em aberto a questão da sociedade, ou seja, da convivência de todos. *Se a rede é da ordem da "igualdade", como dizia Voltaire, a não rede é da ordem da "alteridade".* Infelizmente são as redes que atraem e fascinam. Redes? Sim, desde que o isolamento comunitário seja evitado. Individualismo, racionalização e comunitarismo são as vitórias ambíguas da modernidade. Preservar e domar a alteridade é o desafio de hoje. *A soma das redes não faz uma sociedade.*

A nova ordem sexual[14]

Uma ruptura radical

Em trinta anos (1960-1990) ocorreu na Europa, com as lutas pela contracepção, pelo aborto, pelos direitos das mulheres, pelo reconhecimento da homossexualidade, uma ruptura radical de cuja importância já quase não nos damos conta. Grandes alterações sacudiram a estrutura familiar, a vida conjugal, a relação com os filhos, a liberdade individual.

Em *A nova ordem sexual*, meu primeiro livro (1974), publicado pela Seuil, em meio ao movimento de liberação sexual, analisei duas dessas rupturas fundamentais para a emancipação das mulheres, a saber, a contracepção e o aborto, e mais amplamente as mudanças nas liberdades individual, conjugal e familiar. Eu o escrevi com base em quatro anos de pesquisa com o Movimento Francês para o Planejamento Familiar e com os vários movimentos de emancipação. Hoje, do ponto de vista da memória imediata das sociedades, tudo isso se tornou banal. O casamento entre pessoas do mesmo sexo representa uma etapa, como o uso de anticoncepcionais e o aborto o foram há quarenta anos, com batalhas de extrema violência. Para o discurso oposto sempre se trata do fim da civilização! Ouvimos centenas de vezes o argumento contra o casamento entre pessoas do mesmo sexo: "Mas por que se casar quando todo mundo está se divorciando?" Da mesma forma que antes se ouvia: "Se legalizarmos o aborto, as mulheres o usarão como meio de contracepção".

---

14. Inédito, 2015.

Há um desenrolar de modo silencioso, de cunho antropológico, que diz respeito às relações entre homens e mulheres e entre normalidade e anormalidade. Conversar sobre tudo isso está lentamente se tornando comum na imprensa, entre os casais, nas famílias, nos cafés. Falamos sobre quase tudo. No seu tempo, o divórcio foi vivido como uma tragédia. Abordar publicamente esses temas permitiu um progresso real, nem sempre suficiente para reduzir a violência entre homens e mulheres. É fundamental homenagear aqueles que, geração após geração, lideram a luta, engajando-se, com livros, filmes, depoimentos, narrativas; ousando fazer as coisas acontecerem. O tempo é essencial para permitir que as mentes evoluam, sendo frequentemente bem diferente do tempo das pesquisas de opinião, ainda que estas, às vezes, resumam os pontos de vista.

Sexualidade, alteridade, incomunicação

A sexualidade nunca pode ser banalizada ou passível de banalização. Permanece sempre o mistério do outro corpo, não só do outro corpo, mas também dos imaginários, identidades, fantasias e representações. Relação sexual? O teste mais radical da alteridade. É o outro que enfrentamos, por isso esse encontro é sempre tão difícil, independentemente da orientação sexual. Se há menos proibições, se as superamos com mais facilidade, melhor, mas o desafio persiste. Comunicamos melhor?

Conversar com mais facilidade, ter relações afetivas mais simples, é fundamental, mas não o suficiente. O uso exponencial de *tweets*, SMS, e-mails ou telefonemas referentes às relações interpessoais era totalmente imprevisível há duas gerações. Isso ilustra bem o fato de que a busca por relações afetivas em função dos diversos movimentos de emancipação tem ocupado um espaço considerável. É obviamente um avanço, mesmo que essas liberdades adquiridas venham muitas vezes acompanhadas de solidão... O modelo de comunicação mudou visto que falamos mais e constantemente para evitar rupturas. Sites de namoro também são um avanço, à condição de lembrar que o essencial é se encontrar fisicamente. O importante continua sendo o contato, o encontro, não a tecnologia. Ver-se e conversar um com o outro é um progresso imenso, mesmo que a dificuldade de comunicação ainda esteja à espreita. Mais do que nunca, comunicar é negociar.

Relações homem-mulher

A sociedade capitalista transforma todas as atividades em mercadoria. O sexo, portanto, entrou no mercado através da pornografia, das indústrias farmacêutica, terapêutica, etc. O aspecto positivo é que essa liberdade de expressão também libera a busca pela felicidade com um pouco menos de conformismo. Essa diminuição do conformismo é um engodo? Pergunta vital que nem sempre pode ser respondida. Menos estereótipos, menos convenções, menos proibições, enfim, facilitam a comunicação, o que já é um passo essencial, mesmo que isso não seja suficiente para garantir entendimento mútuo. A ausência de liberdade de expressão era ainda pior, como vimos há séculos, acompanhada de todo tipo de tabu.

É fundamental lembrar a maldição que acompanhou esse imenso movimento de luta pela libertação sexual. Os anos de 1980 a 2000 são contemporâneos da tragédia da Aids e do desaparecimento da primeira geração "livre". Como se fosse preciso "pagar" por essa emancipação. Precisamos perguntar também paradoxalmente se a dor e a tragédia da Aids não contribuíram para a aceitação da homossexualidade e das sexualidades plurais? A descoberta da liberdade, da felicidade e do prazer terminou cruelmente. Eros e Tânatos eram gêmeos, a vitória foi uma tragédia para muitos, com, talvez, a escassa compensação de um pouco mais de respeito.

Liberdades!

Para entender e analisar esses movimentos extremamente complexos temos os ativistas, a mídia, pesquisadores, protagonistas. Muitas vezes, porém, a expressão artística (pintura, cinema, teatro, artes cênicas) é muito mais refinada, complexa e generosa na exploração dessas rupturas. É por isso que a liberdade é fundamental nesta batalha que faz parte da diversidade cultural. Só pode haver liberdade cultural se houver simultaneamente respeito pela diversidade cultural.

Claro que a liberação comportamental é dolorosa, pois percebemos que as relações com os parceiros, sejam eles quem forem, nem sempre são mais simples. Na realidade, tudo está em construção. Nada nem ninguém vai parar a emancipação das mulheres, nem a redefinição das relações homem-mulher, nem as mudanças na família, nem os gays. Qual a palavra de ordem para o futuro? Mais respeito, menos proibições, mesmo que essa liberdade também venha muitas vezes acompanhada de solidão. É de tudo isso que precisamos falar, principalmente na escola, na mídia, na vida. Houve avanços em cinquenta anos, mesmo que as relações nem sempre sejam mais fáceis, mas, ao menos, são um pouco menos repressivas. Eis. De qualquer forma, a história não acabou.

DO ABORTO À PMA NA FRANÇA

- 28 de dezembro 1967: lei de controle de natalidade.
- 17 de janeiro de 1975: lei sobre a interrupção voluntária da gravidez.
- 15 de novembro de 1999: lei relativa ao Pacto de Solidariedade Civil (PACS).
- 17 de maio de 2013: lei que permite o casamento entre casais do mesmo sexo.
- 2 de agosto de 2021: lei relativa à bioética (ampliação da Procriação Medicamente Assistida–PMA).

Publicidade: pensar esse claro-escuro[15]

A força do estereótipo e o bode expiatório perfeito

Paradoxo? A publicidade agrada, faz parte do nosso cotidiano democrático, ao mesmo tempo que é considerada perigosa, ou até mesmo inútil. Sem despertar muita curiosidade teórica! Contradição? A discrepância entre a onipresença destas três palavras, informação, comunicação e publicidade, na vida pública e a fragilidade da reflexão intelectual, a falta de legitimidade, de análises comparativas, por parte dos profissionais da mídia, do mundo acadêmico e político.

---

15. ARPP. Cadernos do Conselho de Ética Publicitária (CEP), 2000.

A publicidade muitas vezes mistura várias lógicas, o que explica ao mesmo tempo seu charme, seu sucesso e o incômodo que desperta. Nosso interesse pela publicidade é símbolo de nossa resistência a tudo o que não é "racional". Na verdade, muitas vezes temos medo de "ser pegos" pela publicidade. Caminhamos entre o desejo, o comércio, a necessidade, a irritação e a novidade, especialmente porque a publicidade está muitas vezes ligada a formas de criação artística. Gostaríamos de nos livrar dela e ainda assim sentimos a sua falta. Essa ambiguidade, experimentada por todos, intriga e incomoda. Fazer da publicidade bode expiatório é mais fácil do que reconhecer as próprias ambivalências. É por isso que ela é um dos bodes expiatórios mais eficazes: em vez de desconfiar de si mesmo, desconfia-se dela.

Publicidade, entre desejo criativo e indústria

Qual o seu interesse? Por um lado, ela é o símbolo perfeito de tudo aquilo de que desconfiamos; por outro lado, para além do papel de "fazer vender", representa certa capacidade de inovação, de certo modo uma discrepância em relação à muitas vezes triste racionalidade dominante. Apesar das contestações, não pode ser reduzida a simples "influência direta". Na maioria das vezes, continua a existir uma "negociação" silenciosa, discreta, mas complexa, entre o emissor, a mensagem, o receptor e o contexto.

De qualquer forma, em cinquenta anos o contexto mudou. As verdadeiras questões hoje são: o poder de GAFAM; a tirania da interatividade; a vitória das *fake news*; a desordem entre os diferentes tipos de informação; a onipresença da imagem e do virtual; o poder inesgotável dos lobbies; a tecnicização das relações humanas; ou mesmo o crescente recurso à "publicidade programática"... Em outras palavras, as contradições mais sérias não estão onde os publifóbicos acreditam que estejam.

A informação, a cultura e a comunicação salvam-nos da tentação do recolhimento identitário, que é uma reação natural à desordem ligada à globalização. O principal risco, por outro lado, diz respeito à segmentação cultural e social vinculada aos algoritmos, especialmente porque essa segmentação é compatível com todos os comunitarismos e todas as formas de bolhas sociais. Qual a força da publicidade, se ela escapa às tantas segmentações? Contribuir para o laço social. Todo mundo vê anúncios, em qualquer idade e seja qual for a origem social. Gostemos ou não, a gente "dá uma olhada" e "falamos sobre". A publicidade é um elo imaginário e cultural. A publicidade, com seu permanente jogo de negociação entre polos contrários, sintetiza as três dimensões contraditórias da comunicação (compartilhamento, dificuldade de comunicação e ausência de comunicação).

Da publicidade em massa à reificação

No sucesso ambíguo da publicidade, devemos distinguir duas etapas históricas. A primeira é o advento da sociedade de consumo, há quase um século. A publicidade acompanhou o crescimento e o progresso na vida cotidiana. Era ela criticada, mas aceita e moderna. Nos últimos 50 anos, tornou-se o símbolo suspeito dessa sociedade de massa que "manipula" consumidores e cidadãos. Sua dimensão negativa supera os benefícios econômicos, culturais e sociais.

Todos os meios são, portanto, procurados para escapar da padronização e da "alienação" pela publicidade. Queremos dar ao consumidor a sensação de que com a individualização dos mercados ele escolhe "livremente"! Sonhamos com o reino da demanda personalizada para afirmar nossa liberdade. E aqui está a armadilha, o reino da demanda também não garante a liberdade individual, porque cada um se fecha em seus gostos. Satisfazer a demanda legitima todas as segmentações culturais justificadas pelos algoritmos. O consumidor individual "autônomo" atual não é necessariamente mais livre e crítico do que o consumidor de massa do século XX. A força da demanda não pode substituir o papel inovador da oferta. É sempre por isso, na política, assim como na economia, nas artes ou no conhecimento, que a criação sobrevive. À força de individualizar tudo, o que resta do coletivo, que é muito mais complexo do que uma soma de indivíduos e consumidores? O indivíduo-consumidor-cidadão não é de toda maneira um simplório. Também sabe mentir, observar, brincar com a mídia e com o consumo temático.

Mesmo que o receptor seja menos manipulável do que pensamos no processo de ajuste entre oferta e demanda, ele continua exposto ao risco de que todos fiquem presos às suas escolhas. *A demanda prende mais do que a oferta.* A individualização nem sempre é um sinal de aumento das escolhas. *Pode perfeitamente haver individualização e padronização simultâneas.* Além disso, há um risco mais geral. *Há muitas regras que limitam a publicidade.* Para redes, não há o bastante. Nas redes, há o risco de a liberdade sem lei matar a liberdade. Na publicidade e no consumo segmentados, o "conhecimento" dos comportamentos e das expectativas dos cidadãos-consumidores constitui uma armadilha. *No final da segmentação espreitam a reificação e o conformismo.* Não necessariamente a liberdade. Alguma urgência? Conciliar lógicas contraditórias e manter a disputa pela legitimidade. Essa complexidade torna necessária a produção de conhecimento sobre esse "claro-escuro" da publicidade. O pensamento crítico em todas as suas formas deve investir nesse imenso campo de relações entre liberdade, criação, comunicação, consumo, indústria e desejo. E reconhecer *a espantosa complexidade do comportamento humano e a necessidade, se possível, de sair das lógicas binárias e racionais.*

Três projetos intelectuais

1. Sair da lógica do bode expiatório.
É preciso ampliar o recorte. Um pouco como fez a ecologia, que ousou repensar e denunciar a relação existente entre o homem e a natureza. A comunicação é a grande questão política e cultural do início do século XXI, no sentido de que ela gere as questões da alteridade, da negociação e da convivência. Daí a necessidade absoluta, para além das leis, de desenvolver a autorregulação e a corregulação.

2. Valorização da "sociedade individualista de massa" e da articulação individual-coletivo.

A publicidade facilita o consumo individual de uma atividade coletiva, desde que não esqueçamos que o movimento cultural em prol da individualização só pode existir se houver prévia e simultaneamente vínculo social. *O que resta do coletivo se tudo se segmenta?*

3. Evitar a combinação da segmentação e do digital.

Já entendemos que a segmentação ligada ao individualismo triunfante é a oportunidade para uma nova economia cujas promessas são proporcionais às possibilidades financeiras dos consumidores individuais. Bases de dados, motores de busca e outros algoritmos são ferramentas tecnológicas que promovem essa sedutora segmentação. A digitalização está no centro da individualização da publicidade. Dá a ela suas credenciais de nobreza, amplifica, contudo, os riscos da mercantilização. É sobre esse imenso campo cultural e político que devemos refletir. A individualização não é perigosa, mas antes sua reificação na forma de segmentação, fortalecida pela performance digital.

A publicidade face ao digital

A publicidade tem dois inimigos. O primeiro é a segmentação fortalecida pelo desempenho técnico digital. O segundo, o moralismo, que, em nome de todas as ideologias de emancipação individual, na realidade se opõe a todas as ironias, a todas as piscadas de olhos e a tudo o que não seja "correto". A reificação segue a multiplicação de "direitos" e "liberações". *Cada um, em nome da sua identidade e dos seus direitos, torna-se uma fortaleza.* O outro é uma ameaça "em nome" de todos os seus direitos, o oposto do que é a publicidade, que, em geral, é "ponte". Cuidado com o moralismo. Cuidado com o "conformismo progressista", que legitima o reino do politicamente correto.

Há risco? A absorção, pelas plataformas e indústrias digitais, desse pequeno ambiente profissional e cultural da publicidade. "Aplicativos digitais de publicidade" seriam ainda mais eficazes... Cuidado com essa "reificação individualista" tão sedutora. *A racionalidade nunca está longe de seus inimigos, a racionalização e a padronização.*

Chegamos ao cerne do desafio da publicidade e, em geral, das indústrias culturais e da comunicação. A publicidade continua sendo um artesanato, porque a criação, seja ela qual for, é sempre inesperada e irracional. Nada pior do que querer colocar ordem na criação. Na realidade, infelizmente, hoje como ontem, desejo, liberdade e criação ainda são muito assustadores. Esse desafio não vale apenas para as artes aplicadas, vale também para a literatura e para todas as formas de expressão, sem esquecer o mundo acadêmico, tão dividido entre cultura, criação e padronização. *A racionalização ameaça o mundo da arte tanto quanto o da cultura e do conhecimento.*

DISPUTA PELA LEGITIMIDADE

É um conceito tão importante quanto os de comunicação, incomunicação e *acomunicação*. Valoriza a absoluta necessidade de respeitar a diversidade das relações com o mundo num momento em que a globalização da informação e os progressos nas tecnologias de comunicação estão removendo fronteiras e dando a sensação de um mundo aberto e transparente onde tudo circula. É preciso preservar a abertura do mundo e evitar a perda de marcos simbólicos sem os quais não há vida coletiva. Respeitar a disputa pela legitimidade significa respeitar três lógicas em ação em nossa relação com a realidade: informação, conhecimento, ação. Os três obviamente têm pontos sobrepostos, suas lógicas, porém, são diferentes e devem permanecer assim, caso contrário haverá uma anomia cognitiva radical. Cabe preservar as *diferenças* de significado das relações com o mundo, se acreditamos que tudo se comunica.

Diferentes legitimidades precisam existir. Dependem do papel de comunidades intermediárias, ou seja, de todas as profissões (jornalistas, professores, médicos, etc.) cujas competências e conhecimentos permitem preservar certa profundidade cultural para compreender o mundo e distinguir aquilo que deriva da informação, da comunicação e da ação. Essas comunidades intermediárias não são "obstáculos" à transparência do mundo, mas, ao contrário, uma condição para que essa "transparência" não leve à perda de sentido.

Artistas pegos na armadilha[16]

Artistas, valorizados em todas as artes, pela sua singularidade, pela sua originalidade, são ao mesmo tempo arregimentados no turbilhão da "cultura mundial" e muitas vezes no da especulação sobre a arte contemporânea e a "vedetização". Nós os valorizamos e os compramos por sua originalidade e singularidade, ao mesmo tempo que os inserimos cada vez mais, apesar da resistência ativa de alguns deles, nas leis de ferro do capitalismo e seus diversos mercados segmentados. Esta racionalização das artes é acompanhada simultaneamente por uma busca frenética por "novas tendências". Por um lado, tudo está sendo racionalizado em escala global; por outro lado, há uma obsessão pela novidade e pela singularidade.

Esse é provavelmente o desafio estético mais sério. Racionalização, padronização e obsessão pela novidade. *Tudo é individualizado, mas reificado.* A Escola de Frankfurt, e com ela todos os pensadores críticos, diz isso desde os anos 1930: o capitalismo nega e esmaga as diferenças, enquanto elogia a inovação, o risco e a criação. Essa contradição encontra-se na reforma das escolas de arte, tanto para a formação como para a pesquisa. Por um lado, valorizamos a singularidade, a criatividade, a originalidade na criação artística. Por outro lado, as escolas de arte, das mais prestigiadas às mais modestas, são "estimuladas" a integrar o modelo de Bolonha, a reforma graduação-mestrado-doutorado (GMD) e a diluir-se aos poucos na imensa máquina escolar europeia que engole todas as diferenças. O que resta da originalidade das profissões artísticas se em sua própria formação são negadas e convocadas a colocar-se em forma ao lado do resto do mundo acadêmico? Por que querer homogeneizar tudo? É aí que estamos.

---

16. Artista, um pesquisador como nenhum outro. Paris: *Hermès*, 2015, p. 11-13.

Como muitas vezes acontece, o que parece secundário (o modelo de formação e pesquisa do artista) em relação a uma questão social central (os limites da racionalização e da padronização) pode, ao contrário, ser um lugar privilegiado para observar as contradições das sociedades "modernas". Aparentemente abertos a todas as diferenças, eles estão, na realidade, sujeitos à lei férrea do "normal", da regra, da unidade e da racionalidade... A onipresença dos sistemas de informação, grandes bases de dados, incontáveis interações tecnológicas e os Big Data globais não mudam nada. *Apesar dos discursos, a diferença acaba por não ser mais muito tolerada na ponta das redes.* Os artistas voltam a colocar a questão do lugar e do estatuto da alteridade e da singularidade em relação ao modelo de racionalidade dominante. Aqui chegamos à concepção de comunicação que defendo. Não para negar diferenças e padronizar, mas, ao contrário, para organizar a convivência dos sistemas simbólicos. Em suma, a comunicação como complemento da política democrática, ou seja, um processo pacífico de convivência de lógicas heterogêneas.

A TENTAÇÃO TECNOLÓGICA

Acreditar que o desempenho, a velocidade e a sedução da comunicação tecnológica reduzirão as dificuldades e a lentidão da comunicação humana. Sim a todas as inovações, desde que não se esqueça que as tecnologias são sempre mais simples do que as relações humanas e sociais. A interatividade técnica é sempre menos complexa do que a intercompreensão humana. As máquinas não negociam entre si e não fazem guerra. Urgência? Combater a ontologização da técnica e seu desvio, a ideologia tecnicista.

Uma juventude pouco amada[17]

Infelizmente a França não gosta muito de sua juventude. No momento, todos andam desanimados, porém é ainda mais doloroso para os jovens. O jogo político está mergulhado em fofocas, com pouca utopia política, desemprego que parece não ter fim, escola desvalorizada, famílias na corda bamba... Jovens... egoístas, indiferentes? Não mais do que adultos. Preguiçosos? Não mais do que adultos. Acima de tudo, não confiamos muito neles...

Experiência dolorosa de estar por aí perambulando tristemente às portas da idade adulta e da sociedade. A França é, no entanto, um dos países da Europa onde há mais criação de empresas e empreendedores autônomos todos os anos, embora também haja muitas falências. Essa juventude deixada de lado é generosa, cheia de humor, solidária, amiga, com utopias cotidianas e miniprojetos, que são tantas aventuras. Os jovens não são cínicos, mesmo desorientados inventam a própria história e tentam entender o inferno da globalização. Mais de 130 mil por ano são excluídos do sistema escolar francês e acham-se abandonados, com apenas seus grupos de amigos como lugar de legitimidade e solidariedade. Com o desemprego esmagador, eles navegam de emprego temporário em emprego temporário, sem visibilidade. Essa juventude da França é ampla em comparação com outros países, vinte milhões têm menos de 25 anos, em 2022, oito milhões têm entre 15 e 24 anos. Muitas vezes eles são menos racistas e desconfiados que os adultos, mais sensíveis à nossa sociedade multicultural. Então, por que não ampliar o serviço cívico e as muitas formas de solidariedade, especialmente para voluntários internacionais? É

---

17. Inédito, 2020.

preciso mobilizar também esta juventude, educada ou não, para a grande utopia da União Europeia como forma de humanizar esta globalização sem alma. A tragédia da Covid-19 só acentua esse abandono da juventude.

A juventude muitas vezes é um *estilo* de vida ligado às viagens, ou à música, com renovação na gastronomia, na hospitalidade, na ação política, na visão de mundo. Em uma palavra, muitas vezes é outra maneira de fazer negócios e trabalhar, da música até cozinhar! Temos de confiar, debater, valorizar a educação, a experiência e, sobretudo, as raízes multiculturais do nosso país, sempre estupidamente desvalorizadas. Em suma, confiar, enfim.

Bibliografia *Hermès*

"Le nouvel espace public". [O novo espaço público]. In: *Hermès*. Paris: CNRS, nº 4, 1989. Organizadores: D. Bregman ; D. Dayan. J-M. Ferry et D. Wolton.

"Communication et politique" [Comunicação e política]. In: *Hermès*. Paris: CNRS, nº 17-18, 1995. Organizadores: G. Gauthier, A. Gosselin et J. Mouchon.

"La France et les Outre-mers. L'enjeu multiculturel" [A França e ultramar: o desafio multicultural]. In: *Hermès*, Paris: CNRS, nº 32-33, 2002. Organizadores: T. Bralbridge, J-P Doumengue, B. Ollivier, J. Simonin et D. Wolton.

"Les sciences de l'information et de la communication". [As ciências da informação e da comunicação]. In: *Hermès*. Paris: CNRS, nº 38. 2004. Organizadores: Y. Jeanneret et B. Ollivier.

"Traçabilité et réseaux" [Rastreabilidade e redes]. In: *Hermès*. Paris: CNRS, nº 53. 2009. Organizadores: M. Arnaud et L. Merzeau.

"Autant de musiques, autant de mondes" [Tantas músicas quanto mundos] In: *Hermès*. Paris: CNRS, nº 86. 2020. Organizadores: E. Dacheux, T. Dwyer et D. Ehrhardt.

Bibliogria complementar

Blanc, P., Chagnollaud, J.-P. *Le rendez-vous manqué des peuples* [O encontro perdido dos povos]. Paris: Autrement, 2022.

Deleuze, G., Guattari, F. *Mille plateau* [Mil platôs]. Paris: Éditions de Minuit, 1980.

Guillo, D. *Les fondements oubliés de la culture* [Os fundamentos esquecidos da cultura]. Paris: Seuil, 2019.

Hoques, T. *Les presques humains. Mutants, cyborgs, robots, zombies... et nous* [Os quase humanos. Mutantes, ciborgues, robôs, zumbis]. Paris: Seuil, 2021.

Mumford, L. *Le mythe de la machine* [O mito da máquina]. Paris: Fayard, 1973.

Sfez, L. (org.). *Dictionnaire critique de la communication* [Dicionário crítico da comunicação]. Paris: PUF, 1993.

CAPÍTULO II
Globalização, diversidade cultural, tradução

A relação comunicação/globalização está, talvez, entre as questões mais explosivas. De fato, com a globalização falamos apenas de abertura e circulação, graças, em particular, à revolução na tecnologia. Com a comunicação, claro, é questão de abertura, mas, ao mesmo tempo, surge uma reivindicação de identidade. Em todo caso, algo diferente do modelo de abertura total de GAFAM. Abertura, sim, porém com limites. A tecnologia digital, com suas performances e seus êxitos, está desestabilizando arcabouços culturais e políticos. A resistência cultural ganha cada vez mais espaço. Podemos ver isso claramente, hoje, com os conflitos religiosos e de identidade no mundo.

Na realidade, na globalização, "abertura" e "resistência" entram em conflito. A forma como gerimos a relação abertura/identidade determina o equilíbrio do que chamo de "a terceira globalização", em que a cultura se torna, depois da política e da economia, um fator essencial de conflito.

Durante um século, criticavam-se os "territórios" e falava-se apenas de "espaços". Hoje, é o retorno de territórios e fronteiras. A atuação da tecnologia não é suficiente para garantir a abertura ou impedir o retorno do identitarismo. Aqui reencontramos o papel central da comunicação, entre dificuldade e falta de comunicação. O reconhecimento da importância da diversidade cultural pode ser encontrado na Declaração Universal da Unesco, de 2005. Postula-se que a diversidade cultural é a condição para a paz em um mundo aberto. A globalização foi primeiro uma utopia militante universalista, uma figura do universal, até as ideologias do Terceiro Mundo e as "revoluções". Com o fim do comunismo veio a globalização financeira e econômica, rapidamente identificada com o "progresso democrático". A revolução tecnológica, as "autoestradas da informação" e a "sociedade digital" foram consideradas ferramentas dessa "nova democracia".

Duas reações políticas surgiram para se opor a essa dominação capitalista. Por um lado, a ecologia, outra relação com a natureza. Por outro lado, a ascensão de reivindicações identitárias e a diversidade cultural relançam os riscos de conflito e da falta de comunicação. Em ambos os casos, a comunicação desempenha um papel central.

Com a ecologia, devemos preservar a diversidade da natureza e do mundo animal. Junto com a diversidade cultural, devemos preservar a diversidade de culturas e tradições. Infelizmente a diversidade cultural pacífica é mais difícil de preservar do que a diversidade ecológica, porque as pessoas e as sociedades são muito mais violentas. Que equilíbrio deve ser encontrado entre a abertura e o fechamento? Identidade e convivência? Comunidade e universalidade? Como evitar que o ideal de abertura, que prevalece há pelo menos meio século, finalmente provoque um fenômeno de rejeição, até mesmo de ódio, com a transição de uma identidade relacional para uma identidade de refúgio conflitiva?

Cresce o fosso entre a revolução digital e um mundo cada vez mais marcado por fronteiras, identitarismo e bolhas comunitárias. GAFAM e mundo digital de um lado, a grosso modo os países ricos, tendo em face o fechamento das identidades religiosas, nacionais ou culturais. Finalmente a "revolução da informação" provoca tanto abertura quanto medo, tendo no centro as dimensões do compartilhamento, convivência e fracasso.

Ao pensar no papel da tecnologia digital na abertura ao mundo, não devemos esquecer o lado escuro da internet e a urgência de regulamentar GAFAM [Google, Apple, Facebook, Amazon, Microsoft], indústria líder mundial. Isso também diz respeito à defesa das liberdades públicas e privadas, à explosão do cibercrime, às *fake news*, ao sonho do tempo ganho, ao mito de uma sociedade acompanhada ao vivo, à ilusão da transparência, ao peso dos boatos, ao fim dos mediadores, enfim, a todas essas realidades que distanciam o digital de uma visão paradisíaca.

Curiosamente todas estas "realidades negativas", agora visíveis e conhecidas, não põem em xeque, por enquanto, o a priori extremamente favorável ao "mundo da internet". Ao contrário, é considerado o "preço a pagar". A comunicação e a mídia, por outro lado, há muito despertam bastante desconfiança! De qualquer forma, é preciso lutar contra a oposição artificial entre o "velho mundo" dos meios de comunicação de massa e o "novo mundo" das redes. É preciso pensar o mais rápido possível o "depois da internet", pois obviamente haverá um "depois da internet".

A terceira globalização[18]

Pesquiso há mais de vinte anos sobre o crescente papel dos conflitos culturais, não apenas políticos e econômicos,

---

18. Inédito, 2015.

ligados à globalização. Em 2003, publiquei um livro precursor, *A outra globalização* (Flammarion), no qual identifiquei duas mutações ocorrendo diante de nossos olhos. Por um lado, a "revolução" da informação e da comunicação, com a chegada da internet e das redes. Por outro lado, a emergência de contradições políticas ligadas à globalização. A primeira acelerando a segunda. A expansão da informação, ao tornar o mundo "transparente", não o fez mais pacífico ou menos desigual. Além disso, aqui está a novidade, os identitarismos culturais surgem, ou melhor, reaparecem, em oposição ao mito da "aldeia global". A globalização da informação não elimina a necessidade de fronteiras e identidades culturais, ao contrário, fortalece-as. Tudo está ficando mais complicado, ou, melhor, o desempenho crescente das tecnologias não facilita a compreensão do mundo.

Outra globalização

Talvez o desafio mais importante não diga respeito nem à política nem à economia, mas à natureza violenta das reivindicações culturais em sentido amplo (línguas, religiões, culturas, fronteiras, etc.), o que eu chamo de terceira globalização. Para administrar pacificamente suas dimensões violentas, devemos sair da ideologia tecnicista da internet, que deveria trazer a paz, e também sair de uma globalização reduzida à dominação financeira, sabendo que essa terceira dimensão, a cultura no sentido mais amplo, muitas vezes é um fator de violência, muito mais forte que a política e a economia. Essa "outra globalização" torna, portanto, a gestão da globalização ainda mais necessária e complexa.

Tentar salvar a dimensão de abertura e emancipação da globalização consiste em pensar nessas três dimensões contraditórias – política, economia, cultura – e perceber que a revolução da informação tecnológica não é suficiente para conciliar pontos de vista, nem para criar uma "consciência global". Ao contrário, tudo isso acentua a necessidade de respeitar as identidades culturais e a importância de pensar e construir a convivência cultural. Quanto mais as finanças e a economia confundem as fronteiras, mais as pessoas querem manter suas referências e suas identidades. *Quanto menos mediações, mais incompreensível o mundo é.*

Em suma, a tese que defendo é exatamente o oposto das ideias dominantes que falam apenas de velocidade, interatividade, racionalidade, compartilhamento, transparência... Na realidade, as características da modernidade triunfante, reino das tecnologias e do individualismo, tornam-se, para além dos discursos angelicais, os aceleradores das irredutibilidades sociais, culturais e históricas. Tudo deveria ser simplificado pela informação, tudo se complica justamente com o esquecimento das sociedades e da História.

A segunda ideia maior que defendo através do conceito de terceira globalização é a da convivência cultural. A cultura e a antropologia são mais importantes do que as tecnologias e a economia na gestão dessa "outra globalização", ou seja, o surgimento da cultura e, muitas vezes, a falta de comunicação que a acompanha. Se o problema não mudou, várias rupturas ocorreram em uma geração.

Igualdade e identidade

A globalização havia estabelecido o falso princípio de que, ao abrir as fronteiras, a circulação de bens e pessoas garantiria a igualdade global. O inverso aconteceu. A globalização fortaleceu as desigualdades econômicas e sociais e as tornou ainda mais visíveis. Os ricos ficaram mais ricos, os pobres mais pobres, as classes médias enfraquecidas. E os migrantes simbolizam o ódio ao outro. Muros foram erguidos por toda parte. Mas, acima de tudo, a financeirização devorou a economia, que devorou a política. *A ideologia da globalização matou o sonho da mundialização.* Três crises, 2008 para as finanças; 2015 para os refugiados; e 2020 para o coronavírus, exemplificam a fragilidade e os limites da globalização. Isso sem falar na guerra na Ucrânia.

Mais do que nunca, o problema é pensar a relação entre globalização, mundialização, multilateralismo e universalismo. Associada a esse problema está uma questão eminentemente política, que pouco avança: como manter unidos esses valores muitas vezes contraditórios; identidade, abertura, comunidade e universalidade?

Esse é o desafio do século XXI. Sair das finanças, da economia e do digital. Redescobrir a política, a comunicação humana e a diversidade cultural. A globalização financeira e o mito da sociedade digital são os dois grandes perigos associados a essa abertura descontrolada do mundo.

Liberdade e digital

A diversidade cultural, questão política e cultural do século XXI, continua amplamente subestimada e, sobretudo, insuficientemente pensada. Tudo se reduz ao mito da "civilização digital", que sucedeu ao da "aldeia global", com a efetiva dominação de GAFAM, que pretende resolver essas novas contradições culturais multiplicando os mercados centrados no indivíduo e no comunitarismo. Qual horizonte? Um mundo segmentado e progressivamente reificado. Interatividade tecnológica em vez de tempo para negociação e convivência.

A cultura e, *a fortiori*, a diversidade cultural são reduzidas a uma questão de "liberdade individual" e instrumentalizadas por todos os aplicativos digitais. As interações tecnológicas substituem a comunicação humana e são apresentadas como solução para as crescentes reivindicações de identidade. Os mercados individuais e a promoção de "comunidades" não são, contudo, a solução para reivindicações de identidade mais ou menos beligerantes. Os terroristas podem perfeitamente ser, ao mesmo tempo, protagonistas do digital.

Uma dimensão positiva: a inclusão da questão da diversidade cultural no campo político com a assinatura, em 2005, na Unesco, da Convenção para "o respeito à diversidade cultural". Todas as línguas, culturas e religiões são iguais. Uma vitória política considerável, mesmo que, de fato, nada tenha mudado. Não importa. Esta é uma vitória normativa com a consciência da dimensão política e universal da diversidade cultural. A União Europeia desempenhou um papel central na emergência desse problema. Além disso, atualmente é o maior experimento político do mundo que aceita a convivência cultural. Apesar de todos os seus limites e contradições, sobretudo no que diz respeito aos refugiados, a Europa é a única realidade política que se encarrega oficialmente desse novo desafio político, o do lugar da cultura na globalização. Esse é o tema do meu último livro: *Viva a incomunicação. A vitória da Europa* (François Bourin, 2020).

DIVERSIDADE CULTURAL, UM DESAFIO TÃO GRANDE QUANTO O DO CLIMA

Por que tanto interesse pela ecologia e tanta indiferença pela diversidade cultural? Porque é mais fácil respeitar a diversidade da natureza e do reino animal do que a diversidade de culturas. A natureza e os animais não falam. Ou pouco. Os homens, sem parar. De que serviria um planeta finalmente respeitador da diversidade da natureza se, simultaneamente, os homens, através de suas guerras culturais, o destruíssem despreocupadamente? *É por isso que devemos, acima de tudo, não escolher entre ecologia e respeito pela diversidade cultural, mas dar dois passos à frente ao mesmo tempo.* Por enquanto, a questão política da diversidade cultural é amplamente subestimada, mesmo que a maioria dos conflitos políticos da última geração tenha, na maioria das vezes, origem cultural acentuada por desigualdades econômicas e sociais. É a cultura em sentido amplo que deve ser levada em conta, tanto as obras quanto os estilos de vida e as civilizações.

Ainda dá tempo. Todas as sociedades são multiculturais e serão cada vez mais. Pioneira na assinatura dessa declaração de 2005, a Europa poderia fazer o mesmo para o relançamento da reflexão e da ação. Especialmente porque a Grã-Bretanha, a Alemanha e a França são multiculturais há muito tempo. Só o populismo e a rejeição do outro, há cerca de trinta anos, explicam por que direita e esquerda não valorizaram a realidade multicultural dos países. *A diversidade cultural é, de fato, incontornável. Construir a convivência cultural, eis um objetivo democrático.* Ontem, as identidades culturais eram muitas vezes símbolos de fechamento; hoje, ao contrário, ligadas à democracia, são uma condição essencial para a convivência em um mundo aberto. A diversidade cultural constitui, ainda mais do que a ecologia, a *nova fronteira* deste início de século XXI.

Incomunicação

Outro desafio político contemporâneo é tomar consciência da necessidade de pensar a *incomunicação*, ou seja, as condições de convivência menos violentas possíveis entre essas quatro dimensões: política, economia, tecnologia e cultura. É sobre o papel essencial da dificuldade de comunicação num mundo saturado de informações, imagens e interações que estou trabalhando atualmente. "Pensar a incomunicação" é tão necessário hoje quanto "pensar a comunicação" era há quarenta anos. Isso especialmente para entender melhor as semelhanças e diferenças entre o ocidentalismo e o universalismo. A experiência do *Brexit* na Europa, em 2019, ilustra perfeitamente a importância política do fator cultural e das falhas de comunicação. Reconhecer a força das dificuldades de comunicação é um avanço político e uma tomada de consciência da necessidade de ir além da economia e da tecnologia. Na realidade, é impossível negar os problemas de comunicação e essencial pensar as contradições de um mundo aberto no qual as questões da antropologia cultural serão cada vez mais prementes.

Rupturas da terceira globalização

Desde a publicação de *A outra globalização*, em 2003, ocorreram três rupturas, relacionadas ao crescente papel da incomunicação. Primeiro, o mito da *sociedade digital*. Depois, a *crítica ecológica*, que de certo modo segue a busca de um modelo social alternativo. Finalmente, a *diversidade cultural*, que tenta pensar diferente sobre a globalização. Que se trate do digital, da ecologia ou da cultura, é preciso introduzir outras dimensões além das finanças e da economia para pensar o mundo aberto. O conceito que talvez melhor ilustre os últimos vinte anos é o de incomunicação, ou seja, a consciência tanto da alteridade das visões de mundo quanto da necessidade de negociar para evitar que conduzam a conflitos políticos. Reconhecer a dificuldade de comunicação também nos convida a valorizar a necessidade de negociação. Negociação? Palavras para evitar golpes e guerras. A incomunicação é, portanto, um novo conceito político para pensar as contradições de um mundo aberto e evitar fechamentos comunitaristas.

O papa: a voz da diversidade[19]

Por mais de um ano tive a oportunidade de falar com o papa Francisco. Essas doze sessões secretas de trabalho foram objeto de um livro. A partir dessas conversas livres, tirei retrospectivamente algumas lições essenciais sobre essa questão da globalização e da diversidade cultural.

Um defensor da humanidade

Defensor fervoroso da livre circulação de pessoas, o papa de fato nos convida, nós, europeus, a assumir nossas responsabilidades passadas e presentes na imigração massiva, vinda principalmente da África. A migração está inscrita na história pessoal do pontífice porque ele vem de continente

---

19. Inédito, 2018.

sul-americano povoado por imigrantes. Para ele, o essencial é o dever de acolhimento. Não podemos manter os refugiados fora das nossas fronteiras, primeiro porque são seres humanos, depois porque as causas do seu exílio estão sempre ligadas à guerra e à pobreza. Quem entrega armas a esses países e explora seus recursos? Nós. Em vinte anos, lembraremos dessa mensagem e acolheremos essa voz dissonante voltada para os outros. Não percamos de vista que estamos em um mundo "transparente": os países "pobres" do Sul e do Oriente Médio não esquecerão suas mortes no Mediterrâneo, nem a indiferença dos países ricos. Se não dissermos nada, se não fizermos nada, a violência será terrível. O papa tem razão em denunciar aquele que é um dos maiores escândalos da globalização. Hoje, essas vítimas econômicas e políticas chegam aos países ricos e democráticos, que lhes dizem: "saiam!". Sem falar no tratamento desigual entre migrantes do Sul e refugiados políticos do Norte. Vimos isso com a Ucrânia. O papa não faz diferença entre eles.

Os direitos humanos são para ele um valor supremo, com prioridade e precedência sobre as considerações econômicas ou de segurança. Por outro lado, esses direitos devem ser capazes de carregar uma transcendência, que tem sua origem no amor ao próximo.

Negociador

O papa é um negociador incansável. Nestes tempos de instrumentalização da religião, ele defende incansavelmente o diálogo inter-religioso. O que a opinião pública não sabe é que ele mantém um diálogo permanente com as autoridades religiosas muçulmanas. Mas também com seu colega ortodoxo e com representantes das comunidades judaica e protestante.

Suas reservas sobre o secularismo francês também contribuem para o diálogo. Ele acredita que na França esse secularismo é muito colorido pelo Iluminismo e que não deixa espaço suficiente para a transcendência. Em nosso país, as religiões são vistas como subculturas, ao passo que deveriam ser consideradas, segundo ele, como culturas por direito próprio. Andar com uma cruz ou com um véu é, para ele, a marca de uma cultura. E essa cultura faz parte do secularismo.

Ao atacar o deus do dinheiro, que escraviza os homens e saqueia os recursos naturais, ele tenta convencer que outro caminho é possível, o de uma melhor distribuição das riquezas e de um desenvolvimento moderado para acabar com a pilhagem dos recursos do planeta. Ele denuncia com indignação a aculturação de povos pela globalização, bem como o desmatamento realizado em seu continente pelo agronegócio. Seus discursos sempre oferecem outro modelo humanista e ecológico. Muitas vezes, ele denuncia o dinheiro como "o estrume do diabo".

Esse homem, que originalmente era bastante "de direita", em virtude de sua formação com os jesuítas argentinos, "esquerdizou-se" no contato com os pobres. Ele só está feliz com os pobres, os dominados e os excluídos. Ama o povo e diz isso. Coloca-se "ao pé" dos Evangelhos. Encarna-os. É um indisciplinado que se controla. Vai além das divisões esquerda-direita e mostra que existem outras dimensões.

Impressiona por sua bondade e simplicidade. A reforma da Cúria, que realizou com dificuldade, é o exemplo mais convincente disso. O seu desejo de que as mulheres, até então excluídas do sistema, desempenhem um papel essencial nele vai contra o pensamento dominante entre os cardeais. Mesmo assim, ele continua a sua reforma, sempre repetindo: "Mais valem pontes que muros". Ele não domina tudo, mas não é ingênuo... e pede à Europa para "não se retrair num catolicismo defensivo" e demonstrar "liberdade" e "criatividade".

Lembro-me de uma cena em que estamos rindo; ela exprime a confiança que nos une. Mas também daquela em que ele para na porta do escritório do Vaticano, onde nossas entrevistas aconteceram, vira-se e repete antes de me deixar: "Não é fácil, não é fácil!" É, ao mesmo tempo, a expressão de toda a sua solidão diante do peso de sua missão e também de sua modéstia. Quanta sabedoria em reconhecer os limites do poder!

CONDIÇÕES PARA UMA COMUNICAÇÃO HONESTA

Elas são quatro. Liberdade e igualdade dos interlocutores. Eleições livres. Liberdade de expressão. Legitimidade da oposição.

Qual é a questão central da comunicação? O triângulo simbólico formado por mim, o outro e o universal. O maior desafio? *Destecnicizar* a comunicação, reintroduzir o Homem, a política e a sociedade. Pensar a alteridade. Reintroduzir os cinco relacionamentos principais:
- identidade/comunicação;
- identidade/diversidade cultural/convivência cultural;
- identidade/comunidade/ sociedade;
- globalização/mundialização;
- multiculturalismo/universalismo.

A cada vez a questão da relação com o outro é central. Sem jamais esquecer o papel determinante das desigualdades e do contexto.

Francosfera?
A francofonia na globalização[20]

Reduzir a francofonia a um simples agrupamento da França e suas ex-colônias é não entender sua gênese e sua geopolítica. Das raízes do século XVI ao colonialismo dos séculos XIX e XX, o núcleo histórico evoluiu. Hoje, a globalização é uma oportunidade para a francofonia porque lhe permite recuperar um horizonte histórico e cultural. Presente em todos os continentes, a partir da pluralidade de identidades e linguagens, torna-se um símbolo de diversidade cultural a ser defendido e construído. Não um vestígio, mas uma chance para o futuro. Ao longo do tempo, as lógicas políticas deram lugar às questões culturais: o diálogo entre as raízes globais da francofonia e com as de outras áreas linguísticas tornou-se uma ferramenta privilegiada para a convivência cultural.

Que valores essa comunidade linguística carrega?

Se a linguagem é usada para comunicar, ela também transmite valores: a língua francesa é inseparável da ideia de liberdade política e emancipação. Tanto quanto o inglês conota modernidade – econômica –, o francês conota questões de interesse geral, desde que comunicação e política, linguagem e valores não sejam separados. Seria perigoso, na francofonia, dar prioridade à luta por valores em detrimento do interesse pela língua. Fora da França, o francês raramente é primeira língua. Portanto, defender o francês

---

20. *Parole Publique*, nº 20, julho de 2018.

significa, antes de tudo, defender a necessidade das línguas regionais e maternas. O plurilinguismo é essencial para o amanhã. A globalização é uma oportunidade para a francofonia porque a obriga a redescobrir suas raízes globais. A francofonia é uma oportunidade para a globalização porque lhe proporciona, através de uma língua que transmite valores universais, um meio para ajudá-la a construir a coexistência cultural do futuro, portanto, a paz. A francosfera é laboratório de diversidade cultural, como todas as línguas românicas (espanhol, italiano, etc.). Um campo de testes para vínculos a serem construídos entre identidade, comunidade, globalização e universalidade. É central nesse *secularismo de tolerância* a ser construído para afrouxar os laços entre política e religião.

Que lugar para as migrações?

A migração é como um instrumento de valorização da francosfera, levando em conta o duplo movimento de ida e volta entre os países de origem e os países de acolhimento. Sem esquecer os países de passagem. Quem migra traz sua cultura, seu *know-how*, sua inteligência, cria riqueza e compartilha valores. *A migração sempre foi a riqueza da humanidade e um elemento fundamental do desenvolvimento nacional e internacional.* Migrações fazem parte da transformação do mundo francófono e contribuem para a luta contra uma lógica de exclusão e segregação. Por que continuar a aceitar refugiados políticos e rejeitar imigrantes que também não deixam de ser refugiados políticos? A diferença entre o migrante econômico e o refugiado político é bem fraca. Um sofisma.

A francofonia na Europa: um trunfo

Será através da política tanto quanto da língua que novas relações entre a francofonia e a Europa serão construídas. Assim como a Europa deixou de coincidir com o Ocidente, a francofonia deixou de estar exclusivamente ligada à língua francesa. Na Europa, o projeto político prevalece sobre a diversidade de línguas e culturas. A francosfera é o contrário: uma língua pode contribuir para o intercâmbio entre os 47 países do Conselho da Europa.

Diplomacia e comunicação, o mesmo desafio[21]

Quase não há relação, a priori, entre diplomacia e comunicação. É entre água e fogo. A primeira é o reino do tempo longo, da discrição e até do sigilo. A segunda, o da velocidade e, sobretudo, do público, e não do secreto. No entanto, a comunicação está no centro da atividade diplomática por uma razão simples e essencial: *a importância da alteridade.*

Qual é a essência da diplomacia? A negociação em um contexto na maioria das vezes de alteridade, de incompreensão, até mesmo de ausência de comunicação. Qual é o centro da comunicação, como ela se impôs no século XX? Negociar em um contexto de alteridade e de dificuldade de comunicação. Esses são os pontos normativos em comum entre diplomacia e comunicação. Se examinamos os outros sentidos do conceito

---

21. "A comunicação na diplomacia". In: *Hermès*. Paris: CNRS, 2013, nº 81, p. 9-14.

de comunicação, encontramos aí também grande parte do que está no cerne das atividades da diplomacia: *compartilhar, impor, seduzir, convencer, negociar*. A cada vez com a quantidade certa de silêncio, despiste, encontros, compromissos... Talvez sejam os conceitos de *negociação* e convivência que aproximem essas duas atividades.

Negociação e convivência

Esse horizonte comum não elimina sua principal diferença: a do status de sua comunicação. Diplomatas falam "em nome" de seus Estados; eles os "representam". Indivíduos e grupos falam "em seu próprio nome".

Em meio século, todo o status da comunidade internacional e o papel dos Estados mudaram, obrigando a diplomacia a reavaliar seu papel. O fim da Guerra Fria e a globalização do comércio tornaram a comunidade de Estados mais móvel e instável. Códigos e tradições estão desmoronando. O número de atores que intervêm no mundo é muito maior, gerando mais instabilidade: Estados, pactos regionais, ONU e suas agências, multinacionais, ONGs, lobistas... Visões de mundo, relações de força e estratégias se opõem e se chocam. Tudo é muito mais instável e a globalização da informação torna ainda mais visível essa desordem do mundo. É certo que as relações de força permanecem assim como os segredos, mas a política, interna ou externa, é mais visível. Os cidadãos estão superinformados e críticos, obrigando os líderes políticos e econômicos a se explicarem mais, convencer, negociar. *Não há mais política sem comunicação política.* Tudo é muito mais "às claras", mesmo que os segredos permaneçam. Os Estados devem levar em conta a mídia, as ONGs, as empresas...

A diplomacia, como a Igreja, o Exército e outras instituições, instalou-se num mundo aberto. Aprendeu a se servir de jornalistas e de "especialistas". Por outro lado, *a diplomacia sempre lembra a importância do tempo, das culturas, da história*... tudo aquilo que hoje escapa à ideologia da modernidade, que só fala de velocidade, performance, imediatismo, interatividade. Por um lado, não há diplomacia sem reflexão sobre a onipresença da informação, sobre o que está em jogo com os Big Data, nem sem promover essa comunicação-negociação presente por toda parte. Por outro lado, como resistir à ilusão da "aldeia global" transparente e interativa, dominada por GAFAM?

Outra ruptura radical impôs-se desde a Segunda Guerra Mundial e especialmente desde o fim do comunismo: *o papel da sociedade civil*. Ela se afirmou como um contrapoder aos Estados por meio da opinião pública, da mídia, das ONGs... *Fim do monopólio dos Estados e fim do monopólio de um funcionário da diplomacia*. Além disso, a nova militância, dos direitos humanos à ecologia, é feita de atividades ligadas à sociedade civil. *Os Estados não têm mais o monopólio da política*. Exceto talvez para a paz e a guerra. No geral, as relações de força são mais numerosas, assim como as situações de comunicação-negociação e de incomunicação!

Um jogo a quatro, cinco pistas de reflexão

Hoje, a diplomacia joga um jogo de quatro elementos: relações internacionais, economia, política, sociedades civis. Mais atores, mais legitimidades contraditórias, mais negociação. Cinco pistas de reflexão para um mundo aberto e sem bússola.

1) *O impacto da revolução da informação, Big Data, internet e comunicação generalizada num mundo instável.* Tudo é mais visível, mais rápido, sem que as contradições encontrem soluções com mais facilidade. Todo mundo sabe tudo, mas a ação nem sempre é possível. Como escapar à tirania de GAFAM? Como incorporar a tradição das relações diplomáticas na atual espetacularização das contradições?

2) *O que acontece com a tradição diplomática nessa confusão?* Ela pode melhorar suas competências com as novas dimensões tecnológicas? O que acontece com a ideia de entendimento quando as lógicas são visivelmente mais heterogêneas? Como a diplomacia pode resistir à "modernidade digital" quando vemos como a mídia, a política e as escolas estão sucumbindo a ela?

3) Valorizar o patrimônio diplomático significa tanto valorizar essa tradição de comunicação-negociação quanto mostrar a capacidade de levar em consideração as rupturas ocorridas nos últimos cinquenta anos. Como combater o terrorismo? É preciso tentar trazer todas essas novas lógicas políticas a um espaço político comum para evitar *que exploda o único quadro de referência,* o da comunidade internacional, único bem comum da humanidade...

4) *Como legitimar o papel essencial dos "mediadores humanos"* que são os diplomatas num mundo "interativo" que desvaloriza os "profissionais", considerados tradicionalistas e conservadores? Como revalorizar a tradução indevidamente desvalorizada? *A diplomacia não se dissolve em interações e redes.* É o mesmo debate no jornalismo, na educação, na política, na medicina... Quanto mais informação, conhecimento acessível, mais profissionais e mediadores são necessários para conseguir dar sentido a esses oceanos de dados. Temos de combater a ideologia do "sem mediação",

valorizar o papel de profissionais especializados e da política. Não se improvisa diplomata, jornalista, professor, médico. A ascensão da China e a violência dos fundamentalismos nada têm a ver com a digitalização do mundo... ou melhor, *a digitalização do mundo é perfeitamente compatível com toda violência futura.*

5) *Qual o impacto dessa nova realidade do mundo nas representações, estereótipos, imaginários, símbolos? Esse quarteto do conhecimento talvez seja o mais complicado de se pensar.* De fato, a diplomacia exemplifica perfeitamente as contradições da relação com os outros. O aumento da quantidade de informações e imagens é, em última instância, favorável à oxigenação de representações e estereótipos ou, ao contrário, ao seu fortalecimento? Daí a necessidade imperiosa de comparação.

O lugar central da comunicação na diplomacia, seja para explicar, debater ou negociar, é símbolo de um espaço público mais aberto. As críticas dos cidadãos, da mídia, da opinião pública e das ONGs exigem uma maior abertura em relação às sociedades civis. Uma hipótese? É sendo capaz de repensar os vínculos entre diplomacia e comunicação, entre antigo e moderno, que a diplomacia afirmará ainda mais seu papel de mediadora indispensável num mundo instável. Como? Trabalhando a incompreensão e reexaminando os conceitos das representações, estereótipos, símbolos, clichês, concessões... Acessar a realidade do outro é a primeira condição para a ação em um mundo aberto no qual as identidades culturais e políticas desempenham um papel cada vez maior.

NATUREZA E SOCIEDADE: DOIS PESOS, DUAS MEDIDAS

A mobilização é crescente, com razão, pelo respeito à diversidade da natureza e dos animais. Quase ninguém, por outro lado, se preocupa com a falta de respeito à diversidade linguística e cultural, que é tão fundamental. Por que tamanha distorção? Este é um dos pontos fracos da ecologia. Ela pode ajudar a salvar a diversidade de plantas e animais, sem, contudo, ajudar os humanos a serem menos violentos. É possível ser um "bom" ambientalista mesmo sendo agressivo e brutal nas suas relações sociais e políticas. Basta observar os conflitos entre os ecologistas para se convencer disso.

O imenso, indescritível e impensável Pacífico[22]

Imenso, indescritível, impensável. Tal é o Pacífico que sempre iludiu nossas categorias de análise e apropriação, especialmente desde o século XVIII, quando se "incorporou" à história mundial. Ele permanece o fim do mundo, a desmedida de geografia. Vinte e quatro horas de avião para chegar ao Pacífico Sul, o ponto mais distante do globo, o que também explica por que poucas pessoas se aventuram por lá. No entanto, situam-se aí três dos dez territórios

---

22. "O mundo do Pacífico e a globalização". In: *Hermès*. Paris: CNRS, 2013, p. 9-12.

ultramarinos franceses (Nova Caledônia, Wallis e Futuna, Polinésia Francesa) com status muito diferentes e que, por si sós, refletem a extrema diversidade desse oceano. É tão vasto que pode conter todos os outros, sendo muito escassamente povoado, mas com imensa diversidade linguística. As populações estão espalhadas por distâncias consideráveis, em microestados mais ou menos dependentes de seus poderosos vizinhos desinteressados...

"Hotspot" global de diversidade cultural

Para os europeus que tentaram domá-lo no século XVIII, com seu ideal de razão e progresso, ele foi a última figura do Éden. Encantou o imaginário dos séculos XIX e XX e muitos artistas e utopistas se refugiaram lá. Isso sem falar nos condenados e detentos que ali encontraram sua última prisão e, às vezes, suas colônias de povoamento. Todos falharam lá. Especialmente no mais remoto Pacífico Sul. Cemitério de utopias ou naufrágio que manteve seu mistério ainda mais porque, na maioria das vezes, não havia retorno, como os barcos da expedição La Pérouse, no século XVIII. No mundo finito e geograficamente conquistado de hoje, não há Éden. Além disso, a Segunda Guerra Mundial foi incrivelmente violenta lá, até que as duas bombas atômicas caíram sobre o Japão na primavera de 1945. O *Pacífico? Lugar do fogo nuclear na Terra*. Além do mais, foi nesse deserto marítimo com populações pouco consultadas que os britânicos, americanos e franceses realizaram seus testes nucleares. No entanto, é também nessa vastidão da natureza que encontramos os maiores rastros de diversidade cultural. O Pacífico, com suas populações tão dispersas que podem se ignorar quase completamente, é a área de maior diversidade linguística do mundo, onde se fala o maior número de línguas das 7.000 que são tão maltratadas hoje. Laboratório da diversidade e da incomunicação.

Os sistemas simbólicos e culturais "primitivos", que todos hoje admiram e sobre os quais têm curiosidade, foram em parte salvos por esses mesmos missionários, no século XIX, que levaram o cristianismo em suas várias formas e lutaram contra "as religiões primitivas". Paradoxalmente essa pilhagem também contribuiu para evitar o desaparecimento definitivo desses patrimônios culturais e religiosos. Hoje, o passado interessa e fascina, mas poucas pessoas se preocupam com a diversidade cultural atual, que está à beira do desaparecimento...

Paraíso indescritível?

A revolução nas telecomunicações, do rádio à televisão e hoje do computador e da internet, é, depois da aviação, o meio tecnológico que em cinquenta anos domesticou definitivamente essa imensidão. A que custo! O de "colocar" o Pacífico na globalização, na modernidade e no consumo sem deixar algo verdadeiramente autêntico e preservado daquilo que existia. No entanto, o Pacífico, junto com o Himalaia, a Amazônia, os polos e alguns desertos e os oceanos, continua sendo a única *alteridade real* do nosso planeta. Em um século, o Pacífico entrou na ordem do mundo por meio das conquistas, compartilhamento de poderes, territórios e guerras. Além disso, como todas as grandes potências nucleares do mundo estão localizadas nas margens do Pacífico, nada impede que os conflitos do século XXI surjam ali. Especialmente porque os recursos naturais são imensos e as populações muito pequenas para resistir às novas colonizações. Esse paraíso, o último, perdeu sua identidade e está entrando rapidamente na racionalidade da globalização, em suas dimensões econômica, militar e política. Basta olhar para a política da China... Ao mesmo tempo preserva para o turismo internacional santuários suficientes para perpetuar o sonho do paraíso que inflamou os europeus desde o século XVIII. Destino trágico o da modernidade triunfante no Pacífico.

Por enquanto, nada pode impedir que o par diabólico modernização/consumo faça aos poucos do Pacífico a última terra de aventura e de certas regiões um "zoológico turístico e antropológico". Só a batalha política pela diversidade cultural pode evitar, se não vier tarde demais, um desastre antropológico como a humanidade sabe tão bem, em nome da ciência, da economia, da modernidade e do progresso, organizar. Aqui, entretanto, tudo é tão mais possível porque tudo é vasto, vazio, e porque o mar é um imenso cemitério silencioso... O Pacífico permanece um objeto não identificado, impensado. Hoje integrado à modernidade, não é necessariamente mais fácil de pensar e analisar. *Representa uma espécie de aporia da modernidade, um limite à racionalidade.*

Queremos mais ainda trazer o Pacífico para a "realidade contemporânea" porque se todos falam de alteridade, do direito de ser diferente, da diversidade cultural, é com a condição de que tudo isso permaneça no mesmo modelo cultural. A convenção sobre diversidade cultural de 2005 na Unesco é uma das joias atuais da conversa fiada. Que enrolação! A União Europeia, que tem uma área geográfica menor do que a Polinésia Francesa sozinha, no Pacífico, está diretamente envolvida. Por quê? Porque a Europa é hoje a maior experiência mundial, democrática, de diversidade cultural e que contribui, com suas ajudas econômicas, no âmbito ACP (África, Caraíbas, Pacífico), para apoiar esses territórios. Enquanto a geografia separa o Pacífico da Europa, muitas das questões de diversidade cultural são comuns a ambos. A questão é: como levar em conta, como condição da paz no século XXI, o desafio da diversidade cultural e natural? O Pacífico é a maior utopia natural, a União Europeia, a maior utopia social e política... Poderia haver um verdadeiro encontro aí? Aqui se aplica perfeitamente a fórmula "comunicar é negociar" para evitar os impasses da ausência de comunicação.

BRICS, uma convivência absurda[23]

Os BRICS são a primeira e única organização transversal dentro da globalização, nascida após o colapso do comunismo em 1991. Iniciada em 2001, convidada pela primeira vez para o G7 em 2005 e reunida na Rússia em 2009, é uma iniciativa extremamente recente. Nem trinta anos. Organização sem estrutura, não regional, reunindo cinco países muito diferentes do ponto de vista demográfico, econômico, político, cultural e social, tinha tudo para fracassar. *A falta de comunicação espreita na esquina,* o que, de resto, está previsto desde o começo. Esse projeto improvável, porém, ainda existe. É a criação mais original desde a da ONU.

---

[23] "BRICS, um espaço ignorado". In: *Hermès*. Paris: CNRS, 2017, p. 9-12.

Um projeto inesperado

Com tanto ceticismo e tanta dificuldade de comunicação, tudo já deveria ter fracassado. O que ainda une esses estados? Não muita coisa finalmente: competir na globalização sendo radicalmente diferentes.

Essa experiência de "cooperação sem precedentes" não desperta o mesmo interesse em cada ponto do mapa. Na Europa, e no mundo ocidental em geral, o interesse é "baixo". Relatividade da geografia... Ou, melhor, a globalização da informação e do comércio não elimina as diferenças geopolíticas e culturais...

Duas leituras são possíveis e circulam. Os BRICS como novos imperialismos disfarçados, símbolos da reversão do equilíbrio de poder, sinal de novas relações de força. Uma máquina contra a Europa e o Ocidente. Uma nova forma de administrar a dominação financeira e econômica, com o risco adicional de conflitos internos exemplificados pela competição entre dois projetos, as estradas da "seda" (China) ou da "liberdade" (Índia). Talvez haja uma busca por outros equilíbrios, não necessariamente voltados contra a Europa e o Ocidente.

De qualquer forma, os BRICS ilustram a busca pela possibilidade de outro equilíbrio entre política, economia e cultura. A economia pode prescindir de política e da cultura? As desigualdades e injustiças sociais e políticas podem ser ou não diluídas no consumo ou na economia?

Tal projeto permite fazer uma comparação entre, por exemplo, a China industrial e urbana e a Índia descentralizada e rural, sem contar a onipresença geográfica da Rússia e os "novos mundos" do Brasil e da África. Na realidade, todas essas diferenças obrigam a "negociar" interminavelmente. E nesse improvável processo de cooperação de cinco vias, a importância dos idiomas e da tradução é crucial. Isso ilustra o papel capital da diversidade linguística e cultural. Esse óvni diplomático é um lugar fantástico para ler as orientações, contradições e projetos ligados à globalização. Especialmente porque nenhum protagonista é ingênuo. Além disso, como evocar os BRICS esquecendo o papel essencial de Bandung (1955), como a primeira tentativa de organização política do Terceiro Mundo? A história sempre volta. Não se pode apagá-la.

Vantagens da conversa fiada

Os BRICS também demonstram para mim a importância positiva da enrolação. Quando não concordamos em nada, a conversa fiada nos permite avançar e evitar bloqueios. Aqui, como na Europa, o despiste é uma forma essencial de comunicação. Enrolação? Um projeto "abracadabresco" de convivência, entre dificuldade e falta de comunicação.

Do ponto de vista do pesquisador de comunicação, os BRICS também são um campo que possibilita questionar o papel das redes sociais numa espécie de abordagem comparativa com o Ocidente? Como a globalização se dá num espaço digital menos rico e muitas vezes menos democrático do que no Ocidente? De forma mais geral, qual é o papel da informação nessa construção em que a incomunicação nunca está longe? Quaisquer que sejam os limites da liberdade de informação, circulação e uso das redes, os BRICS estão abertos ao mundo. As contradições são visíveis e as discrepâncias entre o Ocidente, os BRICS e o mundo nos obrigam a conversar uns com os outros e a nos esforçarmos um pouco, sem igualdade ou liberdade de informação.

No Ocidente, as "elites" dão pouca ou nenhuma atenção a esse imenso projeto dos BRICS. Ainda há muito poucos centros universitários de pesquisa, mídia e outros *think tanks* interessados nisso. É preciso dominar o ceticismo, a ausência de curiosidade e talvez acima de tudo uma forma de incômodo, de relutância. Tudo pode ser desde que esse imenso projeto de cooperação não tenha sucesso! Por não quererem ser enganadas, as elites muitas vezes fogem de suas responsabilidades. No entanto, os BRICS ilustram um bom número de contradições comuns. Parece essencial entender esse mundo dominado pela informação tanto quanto pela incomunicação e pela agressividade. É imperativo entender como um projeto fadado ao fracasso, sem legitimidade política, pode ainda existir. Isso nos obriga a pensar a questão do poder de negociação e da "criação" na política. Esse projeto impossível não poderia nos fazer crer em utopias? A Europa é o melhor exemplo disso há sessenta anos. Por que não os BRICS?

INCOMUNICAÇÃO, MATRIZ INDISPENSÁVEL DA POLÍTICA

1. Os BRICS colocam uma questão interessante para a pesquisa em comunicação: como um projeto condenado e sem legitimidade política pode ter sucesso? Obriga-nos a refletir sobre a questão da força da "criação" na política.
2. Esse projeto inesperado permite acreditar nas utopias, nas possibilidades de superação do destino histórico através das invenções. A Europa é o melhor exemplo disso há sessenta anos. Por que não os BRICS?
3. Os BRICS são uma tentativa de "globalização com rosto humano" ou a enésima máscara da história do mundo e do par interesse-ódio?
4. Permite revalorizar o papel da dificuldade de comunicação e do discurso vazio nos projetos de inovação política.
5. É também uma forma de sair da financeirização e da economia para redescobrir a política e a diversidade cultural.

Música, nossa universalidade[24]

Os italianos foram os primeiros a introduzir a música na horrível tragédia do coronavírus, obviamente em Nápoles, no início de março de 2020. Eles cantaram, das suas portas e varandas, para conjurar o destino, usando todos os instrumentos à sua disposição. Desde então, outros países os seguiram, misturando aplausos e música de todos os tipos. Que melhor homenagem à música e à sua universalidade? *Viver é cantar, dançar, tocar instrumentos.* Afastar os infortúnios, celebrar, gritar! A música é onipresente em todas as sociedades, em todas as idades, em todas as esferas da vida.

Sem dúvida, juntamente com cozinhar, é a atividade mais universal e, em última análise, a mais bem-sucedida da globalização, que, aliás, é um rolo compressor de identidades e diversidades. A música, com todas as suas ambiguidades comerciais, culturais e políticas, continua sendo um dos laços humanos mais poderosos.

Objetivo? Tentar entender como a música, apesar de todas as diferenças, contradições e desigualdades, continua sendo a comunicação universal por excelência? Talvez a primeira figura da universalidade, a primeira experiência da relação com o outro? A globalização facilitou as suas diferentes expressões: alegria, raiva, emancipação, inovação, lucro, criação, identidades. Música? Um dos maiores elementos de identificação da humanidade em memórias, criações, compartilhamentos e invenções. Ela escapa a todos os determinismos e é impossível evitá-la, impossível racionalizá-la, ainda mais impossível fazer uma teoria sobre ela.

---

24. "Tantas músicas quanto mundos". In: *Hermès*. Paris: CNRS, 2020, p. 11.

Nenhuma hierarquia é finalmente possível das suas inúmeras expressões e instrumentalizações. Simplesmente ela é incontornável e não permite que dela se dê uma explicação racional. As indústrias da música ilustram essa contradição gerenciando constantemente estas duas dimensões: *concentração e diversidade*. Tudo se junta, se mistura, vai além e se encontra nas incontáveis formas de expressão musical. É por isso que devemos falar, para além de todas as diferenças, da universalidade da música. No singular, não no plural. Música? A expressão mais emblemática da condição humana: a busca do vínculo com o outro.

Bibliografia *Hermès*

"Frontières en mouvement" [Fronteiras em movimento]. In: *Hermès*. Paris: CNRS, 1990, nº 8-9. Organizadores: D. Dayan, J-M. Ferry, J. Sémelin, I. Veryrat-Masson, Y Winkin e D. Wolton.

"Amérique Latine. Cultures et communication" [América Latina. Culturas e comunicação]. In: *Hermès*. Paris: CNRS, 2000, nº 28. Organizadores: G. Lochard e P.R. Schlesinger.

"L'épreuve de la diversité culturelle" [O desafio da diversidade cultural]. In: *Hermès*. Paris: CNRS, 2008, nº 52. Organizadores: J. Nowicki, M. Oustinoff e S. Proulx.

"Traduction et Mondialisation" [Tradução e globalização]. In: *Hermès*. Paris: CNRS, 2010, nº 56. (vol. 2). Organizadores: Juremir Machado da Silva, J. Nowicki e M. Oustinoff.

"Murs et frontières" [Muros e fronteiras]. In: *Hermès*. Paris: CNRS, 2012, nº 63. Organizadores: T. Paquot e M. Lussault.

"Le Monde pacifique dans la mondialisation" [O mundo do Pacífico na globalização]. In: *Hermès*. Paris: CNRS, 2013, nº 65. Organizadores: D. Barber et R. Meltz.

Bibliografia complementar

Badie, B. *Le monde n'est plus géopolitique* [O mundo não é mais geopolítico]. Paris: CNRS Éditions, 2020.

Cassin, B. (orgs.). *Derrière les grilles* [Por trás das grades]. Paris: Mille et une nuits, 2014.

Chardel, P.-A. *L'empire du signal. De l'écrit à l'écran* [O império do sinal. Da palavra escrita à tela]. Paris: CNRS Éditions, 2020.

Fouchier, M. *Le retour des frontèires* [O retorno das fronteiras]. Paris: CNRS Éditions, 2020.

Hartog, F. *Chronos: l'occident aux prises avec le temps* [Cronos: o Ocidente em luta com o tempo]. Paris: Gallimard, 2020.

Policar, A. *L'Universalisme en procès* [O universalismo em julgamento]. Lormont: Le bord de l'eau, 2021.

Watier, P. *Éloge de la confiance* [Elogio da confiança]. Paris: Belin, 2008.

CAPÍTULO III

A força da União Europeia

A força da União Europeia? Saber que o outro é inteligente. Entre os séculos XV e XX, a Europa conquistou o mundo com seus diferentes modelos de colonização. Ao longo do século XX e das duas guerras mundiais, perdeu todas as suas colônias. Às vezes, após conflitos violentos. Todas as potências coloniais europeias (Grã-Bretanha, Alemanha, Espanha, França, Portugal, Holanda, etc.) foram derrotadas pelos povos colonizados. O balanço desses quatro séculos ainda não foi feito. Os europeus sabem que os outros são inteligentes porque foram vencidos por eles. Essa dolorosa experiência tem pelo menos um resultado essencial para o desafio do século XXI, que é tentar conviver pacificamente.

Saber que o outro é inteligente é uma vantagem num momento em que é necessário em todos os lugares aprender a respeitar o outro e a conviver o menos violentamente possível. Nenhuma outra potência mundial (EUA, China, Índia, Rússia) tem essa experiência compartilhada. A União Europeia tem aqui uma vantagem considerável para a organização de "outra globalização". Um trunfo que não é suficientemente destacado, até porque o imenso e indispensável debate político sobre o colonialismo ainda não aconteceu.

Outro assunto a ser enfrentado: a queda dos três impérios, russo, austro-húngaro, otomano, no final da Primeira Guerra Mundial. Também aí será uma abertura intelectual e histórica essencial para pensar a dificuldade de comunicação de ontem e de hoje e as vantagens que daí podem resultar para a Europa política de amanhã.

União Europeia, vitória da incomunicação[25]

A União Europeia é um exemplo maravilhoso das rupturas e contradições do século XXI. Tudo é lido como um livro aberto. Um novo ator político frágil, uma enorme dificuldade de comunicação política e cultural com 25-30 parceiros; avassaladora diversidade cultural; um alto nível cultural e político que nada garante; ascensão de populismos; uma elite política e tecnocrática arrogante que ainda não compreendeu que depois de Maastricht já não poderemos construir a Europa sem as pessoas; um alto nível de educação e uso das tecnologias mais eficientes; falta de reflexão sobre os conceitos fundamentais de informação e comunicação; tentação de rejeitar o outro e de fechar-se em si mesmo.

Três falhas de comunicação na União Europeia

As informações sobre a União Europeia, o maior projeto político democrático do mundo, com 25 a 30 países, 500

---

25. "As dificuldades europeias de comunicação". In: *Hermès*. Paris: CNRS, n° 77, p. 13-18.

milhões de habitantes, 26 idiomas, são amplamente insuficientes. Nenhum canal de notícias global, além do pequeno e excelente *Euronews*. Muito poucos correspondentes permanentes em Bruxelas. Muito pouca informação para além do funcionamento das instituições. Quase nenhuma informação comparativa. Uma sociedade civil definitivamente ausente. Em suma, uma considerável falta de informação e análise; fora de sintonia com a escala do projeto.

A comunicação é ainda mais fraca, fora do jogo institucional. Quase nada sobre o Parlamento Europeu, que é a sua única instância eleita diretamente. Para tornar visível e simbólica essa instituição essencial não há sequer eleições no mesmo dia na Europa! Que símbolo... Não há informações regulares e comparativas sobre suas três grandes instâncias: o Parlamento, o Conselho de Ministros e a Comissão. Tudo é opaco, fugido. O povo está excluído, a elite comanda. Nada sobre o Conselho da Europa e seus 47 países, a mais antiga e mais ampla instituição europeia!

A dificuldade de comunicação triunfa em todos os níveis. Nenhuma reflexão comparativa para entender os fatores de incomunicação ou identificar pontos comuns. Poucas revistas audiovisuais, silêncio das redes. Muito pouco sobre a juventude, tão decisiva para o futuro, menos ainda sobre pesquisa e universidade. Uma quase total falta de vontade de compreender a diversidade cultural e analisar o que nos separa e nos aproxima.

A questão mais importante é, sem dúvida, esta: *por que a maior utopia política, econômica e cultural da história do mundo não é mais valorizada pelos próprios europeus?* Por que, apesar de suas diferenças, eles não estão felizes e orgulhosos? Como eliminar estas três falhas de comunicação:

dentro da União Europeia; entre a Europa Ocidental e a Europa Central e Oriental; entre a Europa e sua fachada sul? Os protagonistas dessa falta de comunicação são as elites, as empresas, a sociedade civil... e a própria instituição europeia, campeã da cara fechada, da burocracia e do silêncio.

Silêncio sobre um sucesso

Por que tanto silêncio sobre estes três êxitos: a solidariedade permanente entre ricos e pobres; democracia efetiva com burocracia limitada; corrupção baixa? Sem esquecer o euro, a segurança, o Erasmus[26], a ajuda pública ao desenvolvimento!

A principal falha dos europeus? Não estar cientes da extensão do espectro filosófico, político, cultural, científico, histórico que sua história representa. A soma de nossas dificuldades de comunicação só existe porque há, antes de tudo, esse pano de fundo de história e valores comuns. A União Europeia não está cansada. Ela não é desejada. *Listar os termos das suas dificuldades de comunicação significa redescobrir todas as pontes dessa história que é a nossa força.* Novamente, em que outra parte do mundo a soma dessas dificuldades de comunicação poderia ser experimentada sem criar destruição? Basta ver como a tragédia da Covid-19 e a guerra na Ucrânia foram, em última instância, um "progresso" para a consciência europeia. Vinte e cinco ou trinta países que conversam constantemente, em busca de entendimento, quase nunca estando de acordo, e chegam a soluções. Onde mais isso existe?

---

26. Programa europeu de mobilidade universitária.

INFORMAÇÃO E COMUNICAÇÃO: UM DESTINO COMUM

Dois exemplos ilustram a complexidade desses dois conceitos. Ontem, a informação se referia mais à *ruptura* e ao acontecimento. Quais "notícias", dizia-se? A comunicação, por outro lado, referia-se a relacionamentos pessoais e comunitários. Hoje é o contrário. A informação tornou-se quase um fluxo contínuo do qual a indústria de dados é o melhor exemplo. Por outro lado, a comunicação é mais difícil, e rara, com as complexas relações entre emissor, mensagem, receptor e contexto.

Segundo exemplo. A partir da segunda metade do século XX, o conceito de comunicação foi desvalorizado. Falamos apenas de "com"[27] e "manipulação". Não há mais troca, apenas "influência". A abundância das trocas desvalorizou a comunicação. Por outro lado, a informação é celebrada, a ponto de fascinar, pelos *Big Data*. Tudo é informação, com um pressuposto implícito de honestidade e liberdade. Porém, está acontecendo com a informação o mesmo fenômeno que aconteceu com a comunicação. A abundância de informações e a facilidade dos compartilhamentos a depreciam. A informação é cada vez mais considerada uma *mentira*, ainda mais com os estragos das *fake news*. Em ambos os casos, a abundância cria desvalorização. Hoje desconfiamos da informação, assim como já desconfiamos da comunicação. Esse declínio na legitimidade e credibilidade é uma ameaça à democracia porque esses dois conceitos são inseparáveis da confiança que está no cerne da legitimidade política.

---

27. Ver nota 12 (N.T.).

Revalorizar o quarteto: relação com o passado, com a identidade, com a nação e com as religiões do Livro[28]

A relação com o passado

A relação com o passado era um obstáculo; torna-se um estribo. O passado muito violento da Europa tornou impossível acreditar que se pudesse superar tanto ódio, mas hoje, quando algumas das lembranças ligadas à Segunda Guerra Mundial estão se esvaindo, nada pode ser construído sem as bases do passado. É na sua própria história, bela e diabólica, que a Europa deve afirmar-se, admitindo que a tradição não é um obstáculo à modernidade para a Europa, mas uma oportunidade.

A identidade

A abertura coloca frente a frente cada dia mais cidadãos europeus. Esse "outro", no começo, era dos países do Oeste da Europa. Agora são os do Europa do Norte, Europa Central e Oriental e fachada sul. Onde a Europa termina? Até que ponto cada habitante da União Europeia deve ser solidário com todos esses povos? Há um limite para a aceitação do outro, mas sempre é possível refletir sobre as diferentes identidades e fronteiras. *Identidades e fronteiras*: dois conceitos essenciais para a convivência cultural.

---

28. Inédito, 2005.

A nação

A inscrição mais visível da questão da identidade encontra-se, obviamente, na relação com a ideia de nação. "Uma sociedade material e moralmente integrada, com poder estável e permanente, com fronteiras determinadas, relativa unidade moral, mental e cultural, e habitantes que aderem conscientemente ao Estado e suas leis", conforme a bela definição dada por Marcel Mauss.

Deve-se mudar algo? Ontem, a "resistência nacional" era um obstáculo em relação à União Europeia. Hoje, a identidade nacional torna-se condição para a sua ampliação.

Qual o maior perigo? Estabelecer sinais de igualdade entre nação, sentimento nacional e nacionalismos. A realidade? Quanto mais tudo estiver aberto, mais identidades devem ser preservadas. Esta é a única maneira de evitar o identitarismo, isto é, a identidade como ódio. O nacionalismo se desenvolve ainda mais à medida que a identidade nacional ou comunitária foi negada. É preciso identificar as diferentes concepções históricas da nação, pois é pela distância histórica e geográfica que se pode fugir dos demônios. Cultura e debate contra anátema e caricatura.

Religiões do Livro

Deixar um lugar para a dimensão espiritual no projeto democrático secular europeu não colocaria isso em questão de forma alguma.

É a maneira também de não *espiritualizar demais o secularismo*, tornando-o quase uma religião.

— A escolha não é apenas ser a favor ou contra o passado. Em todas as cidades europeias, a história impõe-se a nós, mesmo quando mais não seja por campanários de igrejas, templos, sinagogas e também minaretes que, de norte a sul e de leste a oeste, chamam a atenção. É impossível hoje refletir sobre a estética cultural europeia sem perceber as referências metafísicas, religiosas e sagradas nas quais a identidade está enraizada.

— Uma melhor compreensão da história muito diferente das religiões em diferentes países é essencial. Cada religião dominante não sabe muito sobre as outras. Sem falar no islamismo... Como construir um novo espaço cultural sem repensar o papel da laicidade e das tradições religiosas, ontem e amanhã?

— Religiões cristãs, judaísmo e islamismo há muito lidam com a questão, que está se tornando central para a Europa, da relação entre a identidade e o universal. Reflexão indispensável para repensar a relação com os outros em quatro níveis: a pessoa, a comunidade, a universalidade e a história.

— Cuidado com uma visão excessivamente ingênua da história. Se tanta violência e ódio foram perpetrados em nome de Deus e do amor, seria preciso muita ingenuidade para acreditar que a organização democrática de uma nova unidade política, que reúna os mesmos povos, sem qualquer referência transcendental, criaria menos dificuldades...

União Europeia, uma invenção política sem informação nem comunicação[29]

Nada aconteceu normalmente na construção da União Europeia. Para os demais Estados-Nação, desde os séculos

---

29. "União Europeia, uma invenção política sem informação nem comunicação". In: *Médias, journalistes et construction européenne... avec la Géorgie* [Mídia, jornalistas e construção da Europa com a Geórgia]. Paris: Presses Universitaires de l'Université Technologique de Tbilissi, 2021.

XVII, XVIII e XIX, a informação e a comunicação se desenvolveram paralelamente à instauração da democracia. O padrão clássico foi este: criação de um espaço comum de trocas econômicas, depois surgimento de uma sociedade civil, ruptura com a esfera pública e, finalmente, esfera política. Cada um desses quatro estágios foi construído lentamente ao longo de cerca de dois séculos.

Para a União Europeia tudo se deu ao contrário. Tivemos que inventar tudo, sem esfera pública, sem esfera política e com um espaço comum incerto. Tudo isso sem uma língua comum, sem eleição até 1979, e sobretudo com uma geometria que não parou de expandir-se, de 6 para 28! Sessenta anos para construir um enquadramento político que não é um Estado-Nação e que permanece uma figura original, com Estados soberanos e independentes! Quase tudo foi feito sem muito envolvimento da mídia.

Uma invenção política "anormal"

A União Europeia seria mais forte se houvesse mais informação? Não é certo porque há uma espécie de correspondência entre a situação da mídia e a realidade política. De qualquer forma, essa incrível criação política foi feita com um mínimo de informação e, no geral, com pouco entusiasmo. A Europa carece de jornalistas especializados em questões europeias. O seu tratamento tem sido muito institucional e tecnocrático. Poderíamos ter ido mais rápido? Por diferentes razões, todos estavam satisfeitos com essa situação de subinformação, sobretudo seguindo um modelo bastante institucional, como se a União Europeia fosse, em fim de contas, apenas um Estado de maior dimensão.

Fora do triângulo Comissão-Parlamento-Conselho de Ministros *não há espaço político europeu*. No entanto, a Europa está ficando mais forte, como vimos com a Covid-19, o empréstimo de 750 bilhões de euros, o primeiro regulamento financeiro de GAFAM, o Regulamento Geral de Proteção de Dados (GDPR) e a guerra ucraniana. Desconfiamos da Europa, sempre a criticamos, não nos interessamos muito por ela, mas, a cada dificuldade, a interpelamos. Recorremos a ela quase naturalmente. A geração entre 15 e 30 anos a aceita ainda mais, inclusive na Grã-Bretanha! União Europeia? Uma lógica ao contrário que, no entanto, se consolida a cada dia, mesmo com reclamações constantes. Racha, mas não quebra. Mesmo as difíceis condições de negociação do *Brexit* foram-lhe bastante favoráveis. Uma aventura política "anormal", com finalmente uma maturidade política dos países que vai muito além da desconfiança da opinião pública e da média eurofóbica.

Na realidade, *essa invenção*, pois é disso que se trata, exige a criação de outras categorias de análise. Especialmente porque a Europa não é uma federação ou um Estado-Nação "maior". *Uma hipótese?* Talvez com uma esfera pública, opiniões públicas, questões políticas claramente identificadas, calendários mais bem organizados, a Europa política pudesse ter sido mais bem-sucedida. *Os europeus tiveram a genialidade de transformar sua falta de comunicação em dificuldade de comunicação. Como repito muitas vezes, a flagrante incomunicação na Europa não é a causa do seu fracasso, ao contrário, a causa do seu sucesso.*

Outra originalidade: o papel positivo da burocracia e da tecnocracia. Sim, positivo. Foi dito que o seu papel excessivo explicava a sua rejeição. Verdadeiro e falso. Verdadeiro por causa da arrogância tecnocrática. Falso, pois, como ninguém queria chamar para si essa utopia, os burocratas continuaram, portanto, a construir a União Europeia, sem falar muito sobre ela e com o acordo tácito de políticos, eles próprios hesitantes diante da opinião pública. É toda essa originalidade que a mídia não explicou. De resto, no momento em que só se fala de transparência, tudo avança em meio à neblina e à incomunicação. É estranho, aliás, esse apelo constante, na História, à transparência e eficiência, quando, na maioria das vezes, tudo se faz lentamente e no nevoeiro. Sim, a União Europeia não segue um curso "normal", a História, porém, alguma vez se faz normalmente? Em suma, informação e comunicação são onipresentes neste claro-escuro cujos limites podemos ver.

Uma esfera pública a construir?

A situação ainda não está clara hoje. As eleições regulares para o Parlamento por sufrágio universal desde 1979 não criaram essa esfera política há muito esperada. Tampouco uma esfera pública, nem língua nem consciência de questões comuns. Tudo isso permanece fragmentado e, talvez, seja melhor assim. Nenhuma mídia estritamente europeia, desde 1990, conseguiu se impor, exceto a *Euronews*, infelizmente em pequena escala. Parece que todos estão arrastando os pés. É verdade, mas talvez isso contribua para uma espécie de legitimação política lenta e silenciosa da União Europeia. *Complexo mecanismo de antropologia política.*
Necessidade? Aumentar o número de jornalistas que cubram os múltiplos aspectos da realidade da União Europeia. São poucos os jornalistas especializados nela também nos meios de comunicação nacionais. Não há diversidade suficiente de informações sobre a União Europeia. Tudo é muito institucional, político e econômico. As redes sociais, tão

barulhentas nos meios políticos nacionais, são quase mudas quando se trata da União Europeia. Fraqueza que também é vantajosa!

Nada também sobre o déficit de informação, para além de decisões e eventos institucionais no Parlamento e no Conselho de Ministros. Nada de novidades, conhecimento de história, cooperação, justo quando temos que inventar outra forma de falar dessa Europa. A imagem da política europeia é reduzida a balés de carros oficiais, negociações intermináveis e coletivas de imprensa. Não admira que isso não aproxime os cidadãos dos eurocratas e fortaleça certa eurofobia. *A Europa está tão longe, tão longe das pessoas.* A eurofobia resulta tanto do fosso entre as elites e o povo quanto da incompreensão perpetuada pela mídia e pelos políticos. Não há apropriação suficiente pelos cidadãos do que está politicamente em jogo. Não há diversidade bastante nas explicações! Falta confiança.

A vantagem da União Europeia? Sua fraqueza

O risco de uma espécie de desinteresse está instalando-se, sobretudo porque não há uma opinião pública europeia, por falta de uma língua comum e de uma esfera pública comum.

É claro que existem opiniões públicas nacionais e problemas políticos comuns aos europeus, mas nada ou quase nenhuma intersecção entre eles. A existência de uma opinião pública europeia só virá mais tarde. As pesquisas europeias de opinião não fazem muito sentido, tão extremas são as diferenças culturais. Na realidade, as pesquisas funcionam como se o problema da esfera pública europeia estivesse resolvido. Nada pode ser pior do que *inventar* uma opinião pública europeia que ainda não existe.

Estimular a aventura política...

Precisamos de mais jornalistas europeus formados e especializados em União Europeia. Em seguida, aplaudir essa grande aventura política. Os europeus fabricam essa utopia sem orgulho nem alegria. É preciso tornar obrigatória a "questão europeia" em todas as redações de jornal, explicar melhor os debates políticos e, sobretudo, fazer comparações em todas as áreas. Abrir, investigar, explicar, comparar, convocar a história, passar da Europa de 27 para a de 47. Mobilizar também partidos, ONGs e associações nos debates políticos europeus.

Por fim, interessar-se por esse indispensável Conselho da Europa. Explicar essa realidade política única no mundo nas escolas, colégios, faculdades. A educação na Europa é obrigatória. Em nenhum outro lugar 27 países gastam seu tempo negociando e agindo, sem concordar com nada. Daí a importância de valorizar também todas as diferenças e identidades culturais: elas não ameaçam a Europa, fortalecem-na. *Quanto mais nos aproximamos, mais temos que manter nossas identidades, elas não são um obstáculo, mas uma condição.* Temos de fazer todos os debates em praça pública, especialmente sobre as histórias coloniais, mas não só, porque os impérios e seus conflitos existiam antes da Europa.

...outra comunicação política

Precisamos assumir essa utopia com seus erros e acertos. Estimular o humor e o riso indispensáveis. E também, finalmente, um pouco de loucura! Inventar outro estilo político, menos da ordem do poder e mais da diplomacia cultural. Parar de dar lições, ser mais modestos. Tomar consciência do poder econômico e financeiro representado pelo euro. Sobretudo mobilizar essa extraordinária força cultural, acadêmica e científica de que nem todos os europeus têm conhecimento, apesar de uma história que já dura mais de cinco séculos!

O outro desafio principal? Aproximar as duas Europas, do Leste e do Oeste. Enfrentar a dificuldade de comunicação, que é um veneno formidável. *O Oeste é demasiado indiferente ao Leste e este tem sido demasiado humilhado...* O maior canteiro de obras da diversidade cultural do mundo está, sem dúvida, ali, no coração da Europa. *Na verdade, precisamos repensar essas quatro palavras e suas complexas relações: informação, comunicação, cultura e conhecimento.* É o quadrado do conhecimento.

Por fim, não se pode esquecer da riqueza política e cultural das zonas fronteiriças. Só nós temos isso e não vemos essa riqueza de experiência em termos de convivência. Temos de criar um Erasmus para jornalistas o mais rapidamente possível e assim incentivá-los claramente a conhecer os diferentes países da Europa. Multiplicar o número e o papel das traduções. *Não há Europa sem a promoção prioritária de arquivistas, bibliotecários, tradutores.* Eles são as pontes da diferença. Anunciar também uma boa notícia europeia em todos os boletins de informação e na mídia. Evitar a aceleração desenfreada pelas notícias e garantir que a tirania das redes e da informação não se estabeleça na União Europeia.

A falta de uma língua comum deveria ajudar nisso. Se a Europa sofreu com a falta de informação e com tudo o que diz respeito à relação entre informação-cultura-comunicação – o famoso triângulo infernal da diversidade cultural –, não é para cair meio século depois no contrário, a tirania da informação através das redes e dos meios de informação.

A sorte da Europa? Não está no que fazer para se adaptar a trinta anos de revolução digital, mas em *como pensar a Europa pós-internet, a Europa de depois do digital*, ambição complementar desse projeto maluco de convivência pacífica entre 27, 28, 47 países. *Se a utopia política da Europa tem sido possível nos últimos sessenta anos, a Europa pós-internet também pode ser.*

É preciso obviamente inventar grandes projetos europeus de informação e comunicação. Confiar na culinária e na música, que são os melhores passaportes para a comunicação; é necessário multiplicar e diversificar as "Eurovisão". Isso sem falar nas centenas de programas históricos, geopolíticos, culturais, musicais, esportivos, religiosos, gastronômicos e turísticos a serem inventados.

União Europeia, aposta antropológica

Para a União Europeia tudo se passou de modo invertido. Instituições antes da sociedade civil. Por que não? Em todo o caso, o ideal não é o imediatismo, a interatividade; ao contrário, devemos continuar ousando na invenção de outro enquadramento cultural e político. A União Europeia nunca será um Estado-Nação maior, nem uma confederação, nem uma federação. Ela será outra coisa. É uma aposta antropológica.

De qualquer forma, é preciso evitar a hegemonia do noticiário factual, a ilusão da transparência, a aceleração desenfreada e o tecnicismo. *Desacelerar, ampliar, inventar, respeitar...* Gostar um pouco do outro porque uma das maiores deficiências dos europeus infelizmente continua sendo que eles não gostam muito uns dos outros...

Basicamente, a imensa vitória da Europa é estar à frente da questão do século XXI: daí a importância *de não acentuar a desconfiança mútua, confiar mais nos outros.* Como viver juntos sem necessariamente gostar um do outro. Como domesticar a dificuldade de comunicação para evitar as catástrofes da falta total de comunicação.

AS FRONTEIRAS DA EUROPA

A Europa hoje é composta por 27 países membros da União Europeia e 47 países membros do Conselho da Europa (1949). As suas fronteiras são um recorde que não valorizamos! Duzentos milhões de cidadãos europeus fronteiriços, 25 fronteiras marítimas, 22 fronteiras terrestres por 14.647 km. Só elas representam 40% do território europeu. Todas as condições para uma convivência frutífera estão, portanto, reunidas. É nas fronteiras que, na maioria das vezes, aprendemos a conviver.

Em toda essa riqueza a França ocupa um lugar importante: 40% dos trabalhadores fronteiriços europeus vivem na França e 36% dos franceses vivem em um departamento de fronteira.

Incomunicação, motor da Europa[30]

Tudo começou mal na União Europeia com a Covid-19. Como de costume, seria possível dizer. Como a saúde não fazia parte das políticas comuns, provocava retraimento e a desconfiança dos outros. Era o pavor, pois o vírus parecia

---

30. *L'Obs*, 10 de junho de 2020.

devastar tudo. Durante um mês, de 9 de março a 9 de abril de 2020, houve apenas confusão, silêncio e ansiedade. Insucesso das reuniões extraordinárias do Conselho Europeu; fechamento desordenado de fronteiras; farsa e tráfico de máscaras; ausência de ponte aérea sanitária; cooperação bi e multilateral mínima; fechamento de todos em seus medos; fracasso das conversações dos ministros das finanças...

Então, de repente, algo aconteceu. À beira do precipício, como sempre, a Europa acordou. Em 8 de abril, Christine Lagarde pede união.

Mesmo com os 27 não concordando em tudo, o símbolo da reviravolta deu-se em 19 de maio com o plano de solidariedade Merkel-Macron de 500 bilhões de euros, apesar da oposição dos quatro "frugais"[31]. Na quarta-feira, 27 de maio, Ursula von der Leyen anuncia um plano de recuperação sem precedentes, de 750 bilhões de euros. A Europa, como sempre, à beira do precipício não explodiu. Mesmo que, desajeitada em sua comunicação, falasse primeiro de números antes de falar com os cidadãos. As posições ficam mais próximas e os europeus finalmente decidem desmentir o destino, encontrar saídas, lembrando que eles são quase a primeira potência econômica, comercial, financeira, científica do mundo. E sabem negociar. O que deveria ter sido mais um fracasso, ao contrário, relança a vontade de sair dele e de agir mesmo no exterior para ajudar a África e a OMS (Organização Mundial da Saúde). Finalmente, encontramos o multilateralismo que pensávamos já estar morto. A reaproximação sobre a Covid-19, em 2020-2022, facilitou, sem dúvida, a solidariedade europeia, que se manifestou em

---

31. Nome usado frequentemente para designar quatro países considerados sovinas em relação ao orçamento da União Europeia: Países Baixos, Dinamarca, Suécia e Áustria (N.T.).

Comunicar é negociar • 103

fevereiro de 2022 com a guerra na Ucrânia. É isso a União Europeia. Cada desafio radical vencido fortalece um modo implícito de confiança para enfrentar a crise seguinte.

Nunca de acordo, sempre juntos

Qual é a força da maior utopia pacífica e democrática da humanidade? Um projeto profundamente político que corre o risco de cair regularmente no liberalismo financeiro e econômico, mas que acaba encontrando suas raízes políticas e a solidariedade. Como se por trás dessa eurofobia claramente visível, dessa falta de confiança, dessa meia rejeição popular, encontrássemos sempre essa confiança antropológica que vai muito além da opinião pública. Os europeus não gostam uns dos outros e não gostam da União Europeia, continuam, porém, a construí-la, sem alegria, com teimosia e até secretamente com certo orgulho... Assimilaram as "lições da história" para ir dos 6 aos 15, de 28 a 27 e talvez um dia a 30. *A resiliência da União Europeia é tão radical quanto a arrogância dos eurocratas.*

São essas contradições que me interessam há muito tempo: a incomunicação como motor da Europa. Meu palpite? A dificuldade de comunicação entre europeus, que dificilmente se amam, é paradoxalmente a condição estrutural para a construção da União Europeia. A incomunicação não como uma fraqueza, mas como uma força. Não uma desvantagem, mas uma oportunidade. Portanto, parar de fingir que não há falhas de comunicação para valorizar apenas os êxitos. Façamos o inverso. A partir das dificuldades de comunicação, não as varrendo para debaixo do tapete, mostrar que são tão necessárias quanto os sucessos.

E aí tudo muda.

Essa hipótese sobre o papel positivo da incomunicação vira o raciocínio de cabeça para baixo. *Não escondemos o que nos separa.* Encaramos, falamos sobre isso e agimos sabendo de todos esses mal-entendidos. Reconhecer o motor da incomunicação significa obviamente colocar a cultura e a história de volta no centro do projeto; significa redescobrir certa igualdade de países e de povos para além do poder econômico e da demografia; é valorizar a negociação, esse processo diplomático tão inteligente desde os primórdios da humanidade, que permite, muitas vezes evitando a guerra, conviver.

A Europa ainda dança à beira do abismo da impossibilidade de comunicação sem nunca cair nele. Esse acordo implícito existe, geração após geração, ainda que, infelizmente, durante trinta anos, os adultos tenham esquecido de transmitir esse ideal a uma juventude muito mais madura e europeia do que se diz.

Reduzir o fosso entre o povo e a elite

Esta é a armadilha, fortalecida pela crise financeira e pela Covid-19: a fuga para a tecnocracia em nome da complexidade da globalização. Ao contrário, é necessário remobilizar os países e os cidadãos. A Europa está se tornando incompreensível, mesmo que seus líderes estejam de boa-fé. É, pois, necessário afastar-se da imensa complexidade da economia e do jogo institucional e mostrar o desejo de continuar a construir. O maior desafio? Reduzir o fosso elite-povo que alimenta o populismo. Sessenta anos de construção da União Europeia para chegar à eurofobia, ao populismo, à fratura povo-elite e a todas os desvios identitários? De qualquer forma, nada será feito a longo prazo na Europa sem as pessoas.

Cuidado também com o efeito bumerangue em relação aos "coletes amarelos europeus", outro símbolo de uma Europa muito desdenhosa e hierárquica. A tecnocracia não é um modelo de sociedade. Por outro lado, as utopias mobilizadas são demasiado reduzidas à ecologia e ao digital. Como se os dois representassem o único horizonte incontornável! Porém, a "civilização digital" não existe, é discurso de programador! Se a ecologia oferece um enquadramento mais amplo, também não basta para fazer um modelo de sociedade. A "transição ecológica" não é sinônimo da chegada inevitável de uma "sociedade ecológica" naturalmente boa.

Na realidade, a utopia implausível da Europa precisa, no momento em que a ideologia econômica da globalização está perdendo força, mostrar que ainda é portadora de outros sonhos.

Contra a tentação de se retrair

Outra ameaça é a tentação de se retrair: Europa-bunker. Abrigo egoísta cheio de boa consciência, cercado por muros especialmente para "se proteger" dos migrantes de que se tem medo. O migrante, no entanto, continua a ser a primeira imagem do outro, do universal e do Homem. *Somos todos, de qualquer forma, filhos de imigrantes ilegais.*

PENSAR A INCOMUNICAÇÃO

Significa pensar nas condições de convivência menos violentas possíveis. É valorizar a comunicação, ou seja, a negociação. Significa também refletir sobre as complexas relações desse indispensável quadrado do conhecimento formado pela relação entre informação, comunicação, cultura e conhecimento. Por fim, significa refletir sobre essas quatro dimensões essenciais: a diferença entre informação, comunicação e o papel crescente da alteridade; diversidade e convivência cultural; a crescente distância entre povo e elites; a tirania da tecnologia. Em uma palavra, pensar a incomunicação para salvar a comunicação.

Vinte e cinco projetos teóricos e políticos para a União Europeia[32]

1/Sair do principal paradoxo da União Europeia. Uns não gostam dos outros, não estão suficientemente orgulhosos do que conseguiram. Ao mesmo tempo, eles não têm dúvidas sobre seu modelo democrático, que consideram o melhor, o único. Não há muita curiosidade pelo que está "ao redor", quando passamos dos 27 aos 47 do Conselho da Europa. Tampouco para os países que estão às nossas portas. Não há apenas um caminho na História e mesmo a Europa tomou emprestado consideravelmente de outras culturas para que não se imagine que nada mais tem a aprender com os outros.

2/Excesso de economia com um modelo demasiado liberal. Domesticar, enfim, as finanças. Redescobrir a política,

---

32. Conferência no Ministério da Europa e Negócios Estrangeiros, 2016.

as utopias, a história... A Covid-19, paradoxalmente, ajudará a redescobrir o papel redistributivista do Estado. Pensar, enfim, o "depois da internet". Promover o lugar da cultura nos três sentidos da palavra: patrimônio (França), civilização (Alemanha), modo de vida (Grã-Bretanha). Valorizar a imensa diversidade das indústrias culturais e do conhecimento. Finalmente regulamentar GAFAM e reduzir o imperialismo das indústrias digitais.

3/ Explicar os conflitos dos três únicos espaços políticos: a Comissão, o Conselho de Ministros e o Parlamento. É preciso se interessar mais pelo parlamento, o único espaço político de eleitos na União Europeia. Ensinar política europeia nas escolas. Explicar o que foi alcançado em sessenta anos. Fazer com que os mais de 450 milhões de europeus se interessem pela sua própria história. Destacar a realidade das zonas fronteiriças e os "degraus de acesso à União Europeia". Descrever o mecanismo fundamental de solidariedade em favor dos países mais pobres. Perceber que esta é, em última análise, a parte menos corrupta do mundo.

4/ Ampliar a esfera pública. Estimular debates, inclusive com eurofóbicos. Surpreende que não haja mais eurofobia... Parar de anunciar a morte da Europa a cada dois anos. Inventar um estilo digno da utopia deste projeto excepcional. Aumentar as relações com os 47 Estados do Conselho da Europa.

5/ Discutir o retorno da religião em todas as suas formas. Europa? O lugar de coexistência de três religiões: cristianismo, islamismo, judaísmo. Patrimônio considerável, com presença real do secularismo em todas as suas formas. Retomar o trabalho sobre a diversidade cultural e religiosa.

6/ Terrorismo. Todo terrorismo tem origem europeia... Que análise fazer? Discutir as semelhanças e diferenças de acordo com os modelos políticos e culturais de integração e exclusão. Analisar a política migratória recente, que contraria os valores europeus. Finalmente redescobrir a generosidade em relação aos migrantes. Acima de tudo, não se esquecer dos jovens originários da imigração. Acelerar projetos europeus de defesa e desenvolver elementos de diplomacia comum.

7/*Fortalecer o eixo essencial franco-alemão*: forças, fraquezas, contradições e mutações. De forma mais geral, abrir o debate sobre a relação entre a Europa do Oeste, do Leste, do Sul e países nas fronteiras da Europa. Desconstruir estereótipos, preconceitos e mentiras. Aprender com as lições da guerra na Ucrânia.

8/*Multiplicar os grandes projetos políticos, econômicos, culturais, científicos, esportivos...* Por que só existem grandes projetos relacionados a espaço, militar e aviação, agricultura? Ter ambições comuns para ciência, tecnologia, educação, saúde, espaço rural, urbanismo, ecologia, regiões fronteiriças, história, religiões... São tantas maneiras de confiar uns nos outros. O silêncio e o clichês são os principais adversários da Europa. Autoconfiança? Talvez o primeiro grande projeto a ser colocado em prática.

9/Trabalhar conceitos essenciais: identidade, nação, Estado, comunidade, pátria, patrimônio. Deixar de lado as "enrolações" e os discursos prontos. Destacar a diferença de significados das palavras entre ontem e hoje, principalmente com os efeitos da globalização. Sair da indiferença dos intelectuais na Europa.

10/*Retomar as narrativas históricas da Europa.* Elas não acentuam a incomunicação, reduzem-na, especialmente quando examinamos o papel dos três impérios multiculturais de antes de 1918: otomano, austro-húngaro, russo. Isso sem falar no Sacro Império Romano. A guerra na Iugoslávia como o olho do ciclone na Europa. Retomar também a história dos colonialismos, mantida demais em silêncio.

Explicar a diversidade de visões do mundo desde o século XV. Por exemplo, estudar o papel da Liga Hanseática, o Renascimento, a importância da civilização árabe-muçulmana e mais amplamente da costa sul do Mediterrâneo na construção da Europa ao longo de cinco séculos. *A falta de comunicação é terreno fértil para ignorância, medo e ódio ao outro.* Favorecer as traduções, bem como todas as indústrias culturais. Sobretudo multiplicar projetos para compreender uma imensa e essencial alteridade entre o Norte, o Sul, o Leste e o Oeste.

11/Valorizar a originalidade única do modelo europeu: uma coexistência pacífica. A negociação como modelo de comunicação política e símbolo da democracia. *Exemplo essencial: a importância das fronteiras.* A Europa é o continente mais fragmentado do mundo, com 20.000 km de fronteiras. Mais de um terço dos europeus vive em zonas fronteiriças, ou seja, 200 milhões de europeus. É mesmo a primeira zona de convivência do mundo. Nunca se fala disso. Produzir e valorizar um Atlas Europeu de zonas fronteiriças e não apenas de muros, mesmo se esses são cada vez menos numerosos.

12/Assumir a diversidade de idiomas ao invés de fugir dela. Como poderia a Europa, que esteve no centro da batalha pela Convenção sobre a Proteção e Promoção da Diversidade das Expressões Culturais, na Unesco, em 2005, tornar-se seu primeiro coveiro? Desenvolver a aprendizagem das línguas europeias e a importância das línguas românicas: um bilhão de usuários. Dominar a diversidade cultural e a dificuldade de comunicação. Fazer um estudo crítico e comparativo dessas palavras, abandonadas ou deslegitimadas, nação, identidade, povo, língua, comunidade, Estado, etc.

13/Não há Europa política sem conhecimento das diferenças culturais. Construir a Europa significa refletir sobre o quarteto: identidade, nação, religião, história (D. Wolton, *Nascimento da Europa Democrática*, Champs Flammarion, 1993). Esse considerável patrimônio cultural europeu inclui ciência e tecnologia, urbanismo e comércio.

14/Relançar as conquistas da Convenção sobre a Proteção e Promoção da Diversidade das Expressões Culturais, assinada em 2005 na Unesco. Pouca coisa foi feita em dezessete anos. Retomar também e comparar os pontos fortes e fracos de organismos como *Commonwealth* – Francofonia – BRICS – ASEAN – NAFTA...[33]

15/*Criar símbolos políticos comuns*. Há tão poucos afora a bandeira e o hino! Ao menos votar no mesmo dia em eleições. Fazer um concurso europeu para conceber quatro ou cinco outros símbolos. Sem esquecer de concursos sobre história, música, gastronomia, patrimônio, geografia, essas tantas identidades fortes da Europa. Finalmente destacar o fato de que a União Europeia escapa em grande parte à corrupção. Não é pouco...

16/Mobilizar os servidores da União Europeia e pedir-lhes que se exprimam mais e de modo mais simples. Eles são demasiadamente silenciosos e nem sempre alegres. A mesma coisa para os parlamentares e para o Conselho da Europa. *Com tanto mutismo e silêncios diplomáticos, como chamar a atenção e receber adesão?* Não é de admirar que nessas condições a eurofobia se desenvolva.

Por outro lado, evitar fazer dos burocratas os bodes expiatórios da falta de interesse pela União Europeia, pois esses eurocratas apenas compensaram as deficiências políticas. Em suma, levar os cidadãos a sério, esses cidadãos que são,

---

33. Commonwealth: Comunidade das Nações; Francofonia: países de língua francesa; BRICS: Brasil, Rússia, China, Índia e África do Sul; ASEAN: Associação de Nações do Sudeste Asiático; NAFTA: Tratado Norte-Americano de Livre-Comércio (N.T.).

sem dúvida, as pessoas mais educadas, formadas, cultas, de mente aberta do mundo, e que mais viajam... O atual semissilêncio, a pretexto de que os europeus são indiferentes, não faz sentido.

17/ Dar mais voz aos políticos dos 27 Estados e até dos 47 do Conselho da Europa. Eles também são muito silenciosos, na tradição da diplomacia, na maioria das vezes, de contenção, enquanto aqui, ao contrário, é uma diplomacia de invenção. O mesmo vale para os assessores culturais, científicos e audiovisuais. Valorizar a extraordinária invenção, constante e ininterrupta, do direito europeu, sem comparação no mundo, e falar do conflito essencial entre o direito escrito e o direito consuetudinário.

Por fim, pedir às elites políticas, econômicas, culturais e acadêmicas que saiam de sua confortável indiferença. Ridicularizar e torcer o pescoço desse discurso tão confortável sobre a "decadência" e a "fadiga da Europa". Olhar a força das indústrias da cultura e do conhecimento.

18/ *Por último, criar ferramentas para uma comunicação europeia.* Nada há além da frágil *Euronews*, que precisa ser fortalecida, em vez de multiplicar excessivamente os canais de notícias nacionais, que tratam das mesmas coisas simultaneamente. Obrigá-los a sair de enquadramento nacional. O maior projeto de comunicação política do mundo não tem políticas de informação, internet, redes. A regulação avança na velocidade de uma lesma. Tudo para as finanças, a economia, o comércio. Nada para informação, cultura, educação, comunicação. Tão pouco para a saúde, desporto, música, vida quotidiana. As sociedades civis estão bastante ausentes.

19/ *Ampliar consideravelmente o Erasmus universitário. Criar um Erasmus para o ensino médio, fazendo circular alunos e professores, ampliando as experiências europeias das novas gerações.* O mesmo para artesãos. Levar o Erasmus aos países do Conselho da Europa: não há razão para ficar na escala dos 27, especialmente porque a terrível crise dos refugiados e migrantes ilustra o papel essencial de alguns países não membros da União Europeia. Sem falar na terrível guerra na Ucrânia... Acima de tudo, fazer um plano europeu para a juventude, como ontem com o "Plano Marshall". A juventude merece. Um plano aberto a todos e, claro, aos filhos dos migrantes, no que seria a política comum mais visível do mundo! Reparar, enfim, os prejuízos escandalosos de uma juventude globalizada, mas abandonada.

20/*Aumentar a cooperação entre universidade e pesquisa.* Não unificar artificialmente as palavras "ciência" e "conhecimento". Nós não pensamos da mesma forma no Leste – Oeste – Norte – Sul. Acima de tudo, é preciso valorizar essa imensa riqueza científica e cultural europeia cuja profundidade e diversidade nada têm a invejar ao modelo anglo-saxônico. Obviamente fortalecer outro critério de classificação que não o de Xangai para as universidades, menos anglo-saxão e comercial. Valorizar a diversidade das tradições culturais e científicas universitárias que constituem a riqueza da Europa.

21/Criar um serviço cívico europeu como parte do serviço militar para que todos os jovens europeus, meninos e meninas, quaisquer que sejam as suas origens, incluindo os imigrantes, tenham a oportunidade de se misturar e conhecer. Também aí com viagens. Sair da confusão. *Os europeus não se amam, não amam sua juventude. Por uma geração eles acreditaram que o futuro estava na globalização, quando está primeiro na Europa.*

Jovens? Os melhores embaixadores dessa utopia excepcional. Grandes projetos políticos? Sim, eles estão aí: União Europeia, ONGs, ecologia e desenvolvimento sustentável, solidariedade global; luta contra a especulação mundial, contra o racismo, contra as drogas. Finalmente reconhecimento do papel essencial da migração, uma riqueza, e não uma ameaça. Tudo isso oferece mais grandeza do que a globalização, a especulação e o Brexit! Não confiar na juventude é negar o futuro.

22/Inventar três grandes projetos europeus simbólicos em ciência, política e cultura, com a participação dos três órgãos (Parlamento, Comissão, Conselho de Ministros). Sem esquecer o Conselho da Europa. Valorizar outros cinco grandes projetos no mundo onde a Europa desempenha um papel decisivo na ajuda pública. Mobilizar uma geração jovem de jornalistas e mais amplamente de "ativistas da informação" para popularizar esses projetos que dão uma visão mais dinâmica, alegre e política da Europa.

23/*Finalmente começar uma atividade crítica sobre GAFAM.* Como valorizar, sem qualquer distanciamento crítico, o tema de "uma sociedade e uma economia digital" esquecendo as questões de poder e dominação por parte das indústrias mais poderosas e menos regulamentadas do mundo? Não há liberdade sem lei. Fazer uma análise crítica desta pseudo "nova economia" da "sociedade digital". Pensar o pós-internet. Fazer da Europa a vanguarda da regulação política necessária à globalização. Tornar a Europa o primeiro território do "depois da internet".

24/Criticar a ideologia tecnicista que hoje toma o lugar de todo projeto político tanto em nível global quanto europeu. "O mundo digital" não é um projeto político, mas simplesmente uma ideia técnico-econômica.

25/ *Em síntese, assumir a "comunicação política da Europa".* Um projeto que só pode dar certo com intercâmbios, encontros físicos, polêmicas tanto por parte de Estados quanto das pessoas e sociedades civis. *Falar, comer, trocar, deslocar-se* são condições essenciais para fazer política. Ir além da Europa econômica e tecnológica. Partir à conquista do apoio popular para evitar que sucumba a uma lógica populista. Precisamos de dois orçamentos essenciais se queremos criar consciência política: para *traduções e viagens*. Temos de conhecer nossas histórias e discutir nossas contradições culturais. Tempo perdido? Não, ganho.

Bibliografia *Hermès*

"La cohabitation culturelle en Europe" [A convivência cultural na Europa]. *Hermès*. Paris: CNRS. 1999, nº 23-24. Organizadores: E. Dacheux, A. Daubenton, J-R. Henry, P. Meyer- Bisch e D. Wolton.

"Francophonie et mondialisation" [Francofonia e globalização]. *Hermès*. Paris: CNRS, 2004, nº 40. Organizadores: T. Bambridge, H. Barraquand, A-M. Laulan, G. Lochard, D. Oillio.

"L'artiste, un chercheur pas comme les autres" [Artista, um pesquisador diferentes dos outros. *Hermès*. Paris: CNRS, 2015, nº 72. Organizadores: F. Rennuci, J-M. Réol.

"Langues romanes, un milliard de locuteurs" [Línguas românicas, um bilhão de falantes]. *Hermès*. Paris: CNRS, 2016, nº 75. Organizadores: J.L. Calvet e M. Oustinoff.

"Les incommunications européennes" [Incomunicações europeias]. *Hermès*. Paris: CNRS, 2017, nº 77. Organizadores: J. Nowicki, L. Radut-Gaghi, G. Rouet.

"Les incommunications" [Incomunicações]. *Hermès*. Paris: CNRS, 2019, nº 84. Organizadores: T. Paquot e F. Rennuci.

Bibliografia complementar

Besnier, J.-M. *Demain les posthumains* [Os pós-humanos do futuro}. Paris: Pluriel, 2009.

Calvet, L.-J. *La méditerranée mer de nos langues* [Mediterrâneo, mar das nossas línguas]. Paris: CNRS, 2016.

Delsol, C. *Le crépuscule de l'universel* [O crepúsculo do universal]. Paris: Editions du Cerf, 2020.

Didi-Huberman, G. *Éparses* [Dispersos]. Paris: Éditions de minuit, 2011.

Elias, N. *La société des individus* [A sociedade dos indivíduos]. Paris: Fayard, 2019.

Hanne, O. *L'Europe face à l'islam. Histoire croisée de deux civilisations, viie - xxe siècle* [A Europa face ao islamismo: história cruzada de duas civilizações]. Paris: Tallandier, 2021.

Moisi, D. *La géopolitique de l'émotion* [Geopolítica da emoção]. Paris: Flammarion, 2008.

CONCLUSÃO
A incontornável questão da alteridade

1. Comunicar é viver. Todos, em todas as sociedades, em todas as culturas, buscam comunicação, relacionamentos, trocas, amor, compreensão mútua.
2. Infelizmente, muito rápido nos deparamos com a dificuldade de comunicação. O outro não está disponível. Na busca do mesmo, encontramos o diferente. As dificuldades começam. Solução? Negociar para encontrar um terreno comum. Passamos nosso tempo fazendo isso. É fundamental evitar passar da dificuldade de comunicação para a falta de comunicação, ou seja, para o fracasso, para o silêncio, para a morte. *Comunicar é, na maioria das vezes, negociar.* Comunicação? Passar por quatro experiências: a busca pelo compartilhamento; a descoberta da incomunicação, a necessidade de negociar; a esperança da convivência. *Em poucas palavras, a comunicação é sempre um risco.* O risco do outro. E finalmente uma aposta. Temos de negociar, encararmo-nos, sabendo dos estereótipos, representações, contextos, desigualdades, medos. Pacote inteiro! A compreensão mútua nunca é natural, requer esforços mútuos permanentes.
3. Não há comunicação sem informação. Os dois são inseparáveis, mesmo que a comunicação seja mais complicada, porque a informação é a mensagem, a comunicação, a relação. E aí tudo se complica. Temos de encarar o outro, não estamos mais

sozinhos. Especialmente porque quanto mais informações e trocas houver, mais o receptor desempenha um papel essencial. *Emissor, mensagem e receptor raramente estão em sintonia.* Informar não é comunicar. A importância da negociação na comunicação explica por que isso só é realmente possível nas democracias, em que há liberdade e protagonistas em igualdade. A comunicação, porque pressupõe respeito pelos outros, é sempre, em última análise, um valor político dentro da democracia. Especialmente porque sempre combina duas dimensões. Uma *normativa*, ligada aos valores nas interações; a outra *funcional*, ligada às imposições das nossas sociedades. É o que chamo de "dupla hélice da comunicação", sempre entre o ideal e a necessidade.

4. Não há tampouco comunicação sem considerar o receptor. Este nem sempre está certo, longe disso, mas é impossível ignorá-lo. *O receptor é a primeira expressão da alteridade.* Quem diz receptor se obriga a levar em conta o contexto e as desigualdades. O receptor é, portanto, o complemento essencial da informação e da comunicação.

INFORMAÇÃO E COMUNICAÇÃO: CINCO GRANDES DIMENSÕES

Em última instância, a informação inclui cinco dimensões principais: informação política; institucional; serviços; conhecimento; relações humanas. As mais complexas são as informações e os dados políticos. As mais rentáveis, serviços e informações institucionais.

A comunicação, por outro lado, diz respeito a cinco situações igualmente essenciais: a manifestação do poder sem desconsiderar o silêncio; transmissão; compartilhamento; expressão; negociação.

As duas armadilhas? A tirania da informação e a desvalorização desproporcional da comunicação. No entanto, as duas são inseparáveis e fruto excepcional da ruptura cultural que ocorreu entre os séculos XVII e XX no Ocidente, criando a liberdade, a igualdade dos indivíduos, a liberdade de pensamento. Ruptura considerável da qual nem sempre medimos a importância radical, nem a raridade, nem a fragilidade.

Um exemplo da importância e complexidade da relação entre informação e comunicação? Ontem, a informação dizia respeito ao acontecimento, à ruptura, de que a informação política era o exemplo mais visível. Quanto à comunicação, era o elo natural para criar comunidade e sociedade. Hoje, é totalmente o oposto. A informação tornou-se onipresente, uma espécie de fluxo contínuo, do qual a indústria de dados é o maior símbolo. Vivemos em um oceano de informações de todos os tipos. E é a comunicação que, ao contrário, tornou-se mais rara e difícil, porque é sobretudo social e cultural. Resultado? Apesar de todas as técnicas de interatividade, a compreensão mútua humana não se tornou mais simples. A facilidade técnica está do lado da informação; a dificuldade, sempre social e cultural, do lado da comunicação. Ah! Se a comunicação pudesse finalmente ser tão simples quanto a informação...

5. As dificuldades e desigualdades inerentes à comunicação humana aumentam com a multiplicação das trocas e a igualdade entre os parceiros. Elas explicam o sucesso crescente da comunicação tecnológica, com o telefone, o rádio, a televisão e o digital. Essa comunicação é mais rápida, mais eficiente, mesmo que seja menos complexa do que a comunicação humana. Realidade? A proeza da interatividade técnica não pode fazer muito diante das incertezas da compreensão mútua humana. Interatividade e intercompreensão permanecem radicalmente diferentes. Especialmente

porque, olhando mais de perto, o sucesso da comunicação tecnológica muitas vezes se assemelha a uma busca por comunicação humana que não diz seu nome...

6. Essas interpretações errôneas explicam o sucesso de GAFAM e de toda a indústria de dados. O triunfo do desempenho tecnológico, diante das inevitáveis dificuldades das relações humanas, alimenta um mercado considerável, complementado pelo poder da ideologia tecnicista, com robôs, inteligência artificial e algoritmos, passando pelas redes, identificadas com a liberdade de comunicar. Só se fala em "fluidez e interatividade". Sem falar do sonho de uma "sociedade digital", "igualitária e universal" na qual tudo seria só continuidade...

O desafio mais urgente? Destecnicizar a comunicação. Reintroduzir o Homem, a política e a sociedade. É a própria natureza da comunicação que é política, pois, na maioria das vezes, comunicar é negociar. A alteridade é a grande questão do século XXI.

De minha parte, ao contrário dos discursos elegíacos, não acho que o mundo tecnológico e digital seja sinônimo de "democracia ampliada". A comunicação continua a ser, em última instância, uma questão humana e política, mais do que técnica e econômica. Diz respeito à relação com o mundo e com os outros. Interatividade não é sinônimo de intercompreensão. Cuidado com o reino das "solidões interativas". Cuidado com a crise de legitimidade que pode afetar sorrateiramente esses dois conceitos de informação e comunicação. Sendo o primeiro reduzido a "fake news", o segundo a "com". Cuidado com essas caricaturas que depois de um tempo minam os valores fundamentais das sociedades democráticas. Preste atenção ao esvaziamento de palavras sem as quais não podemos pensar nem agir. Cuidado também com a confusão entre o papel democrático da internet nas ditaduras – de resto como o de todos os outros meios de comunicação sobre os quais não falamos o suficiente – e sua "face sombria" nas democracias.

7. A globalização que acompanha a "revolução da informação e das redes" não só criou novas desigualdades sociais e econômicas, mas sobretudo levantou a questão das identidades culturais. Sim a um mundo aberto na condição de preservar suas raízes culturais e suas identidades. A cultura volta a ser um fator de conflito num "mundo interativo, racional e sem fronteiras". Ela é necessária para amortecer os choques da "modernidade".

Pensar nesse mundo contraditório exige também valorizar o papel da informação e da comunicação nas teorias do conhecimento. A interdisciplinaridade e a negociação que estão no quadrado do saber (informação, cultura, comunicação, conhecimento) não podem existir sem a comunicação que, em todas as suas formas, é essencial para pensar o mundo aberto e violento do século XXI.

8. É o que chamo de *terceira globalização*, depois da globalização econômica e política. A cultura, em sentido amplo, o conhecimento também, tornou-se tão indispensável quanto a política e a economia. Basta ver por que e como a China atual está reescrevendo sua própria história, ou mesmo a Rússia, para entender os interesses políticos da cultura...

A alteridade e a incomunicação voltam ao centro da História. A grande questão continua sendo o ódio ao outro, que muitas vezes segue o medo do outro: como conviver pacificamente em um mundo aberto, onde todos veem tudo e onde as diferenças culturais visíveis acentuam os mal-entendidos e a desconfiança mútua. A comunicação, há muito identificada com liberdade e emancipação, pode ser invertida e monopolizada por regimes autoritários e *iliberais*. O que por alguns séculos foi considerado o símbolo da emancipação voltaria a ser o novo emblema do poder. Não há garantia de que os modelos democráticos perdurarão facilmente. Por outro lado, os mundos digitais não são necessariamente angelicais e pacíficos.

9. Um mundo "transparente e interativo" não é, portanto, nem mais pacífico nem mais compreensível que o anterior. A diversidade cultural é um fato que se impõe, muitas vezes de forma violenta. Construir uma convivência cultural que respeite as identidades culturais e valores universais está gradualmente se tornando um horizonte político inevitável. Mas muito difícil. O essencial? Evitar a segmentação e o comunitarismo. A primeira condição para respeitar a diversidade cultural? Preservar as diversidades linguísticas ameaçadas por todas as racionalizações e dominações tecnológicas e culturais.

Essa mudança é pelo menos tão imperativa quanto a da ecologia.

Com a ecologia é preciso aprender a conviver com a natureza e os animais. Com a comunicação é preciso aprender a conviver com pessoas, sociedades, diversidade cultural e alteridade. Isso é ainda mais complexo e incerto porque os Homens falam, desconfiam uns dos outros e adoram se enfrentar. Podemos conviver harmoniosamente com a natureza e com os animais, não necessariamente com os seres humanos.

Comunicação e diversidade cultural? Uma das questões políticas mais cruciais do início do século XXI, pela paz e contra a guerra. Não são robôs que criam guerras, mas pessoas e sociedades. A grande questão do século XXI? O outro. Como conviver pacificamente, portanto, como negociar quando tudo, ou quase, nos separa?

10. A União Europeia é o primeiro exemplo de convivência pacífica bem-sucedida. Concordando em nada, opondo-se

em tudo, os europeus, no entanto, permanecem juntos. Aqui encontramos a definição política de comunicação-negociação: "Inventar acordos quando em nada concordamos". Conseguir decidir democraticamente, diariamente, entre 27 membros, quando discordamos em quase tudo: um prodígio histórico que não existe em qualquer outro lugar. Por que os europeus nunca ficam orgulhosos e felizes com isso? A "dificuldade de comunicação vitoriosa da Europa", se for bem-sucedida, pode ser estendida a outros continentes.

Europa? A primeira vitória da incomunicação. Todas as questões de identidade, relacionamento com os outros, fronteiras, diversidade cultural, negociação, dificuldade de comunicação e convivência são levantadas e discutidas. O maior projeto político, pacífico e democrático do mundo coloca a incomunicação e a negociação e, portanto, a comunicação, no centro da política, da sociedade e da cultura.

EPÍLOGO
Duas filosofias de comunicação

Duas filosofias de comunicação opostas. Uma, amplamente majoritária no mundo, é a favor da tecnologia e da economia. GAFAM é o símbolo disso; a sociedade digital, o horizonte. A tecnologia ajudará, ou até salvará, a humanidade.

A outra filosofia, política, é bastante minoritária e privilegia o ser humano e a política. É a esta que me refiro. As visões de mundo resultantes são radicalmente diferentes. A visão tecnicista defende finalmente uma perspectiva angelical do Homem e da sociedade. A filosofia política da comunicação é bastante agonística. O horizonte é muitas vezes conflitante.

O ser humano não é necessariamente pacífico e altruísta. Muitas vezes é agressivo; a política é, em última instância, o meio menos violento de regulação. É por isso que para mim a comunicação é uma atividade política e humana, pois busca reduzir conflitos e desigualdades e organizar a convivência menos violenta possível.

Comunicação? Ser político muito antes de ser tecnológico. Há muito defendo essa visão agonística da comunicação. Nenhuma ilusão angelical sobre o ser humano; por outro lado, na maioria das vezes, há margem de manobra, que é a essência da comunicação, da política e da vida. As coisas nunca estão dadas por antecipação, desde que possamos evitar o fracasso, a morte, a falta de comunicação. Comunicação? Na maioria das vezes, comunicação política, com relações de poder, desigualdades, conflitos, mas também espaços de negociação e mudança. As referências normativas da informação e da comunicação abrem sempre o campo do possível. Num caso, a ideologia tecnicista com a ideia de aprendizagem. Em outro caso, a negociação com uma visão política, ou seja, negociável das coisas. Uma teleonomia ou um humanismo crítico.

A construção da União Europeia é o melhor exemplo dessa filosofia em que a dificuldade de comunicação pode tornar-se um fator de paz e progresso. Quanto mais aproximamos as pessoas da tecnologia, mais sonhamos com a continuidade entre elas. Quanto mais privilegiamos uma visão política da comunicação, mais reconhecemos as divergências, as descontinuidades e as dimensões da negociação.

Essas duas filosofias políticas de comunicação, angelical e agonística, perpassam todas as culturas e continentes, tendo como consequência duas concepções da relação com a comunicação, com a sociedade e com o ser humano. Nessa oposição entre duas filosofias, encontramos a complicada relação entre informação e comunicação. Com a informação, podemos deslizar para a tecnologia e seu Big Data. Com a comunicação, não podemos escapar da antropologia. Num caso, a tecnologia domina, no outro prevalece a sociedade. Impossível escapar da política. Sempre com esta pergunta: até que ponto a tecnologia pode contribuir para mudar a realidade? Até onde a tecnologia reina? Quando se dará o retorno do ser humano? E, sobretudo, que deixemos de repetir esta falsa frase: "A tecnologia finalmente adapta-se ao ser humano". Durante dois séculos, o oposto foi testemunhado. As sociedades, para o bem ou para o mal, adaptaram-se à técnica. O pior seria o domínio a longo prazo de uma visão tecnicista da comunicação sem o indispensável contrapeso da antropologia.

O mais importante neste confronto teórico entre duas filosofias políticas da comunicação diz respeito ao reconhecimento do papel da negociação. Facilitar a convivência em lugar do enfrentamento; a negociação ao invés da ideologia. Quanto mais a comunicação for reduzida ao desempenho técnico, maior será o risco de conflito.

Diga o lugar que você dá à tecnologia na comunicação e saberemos qual filosofia de comunicação você prefere.

De qualquer forma, comunicar é correr um risco. O risco do outro. E esse risco é político, no sentido de que se refere às relações sociais e não pode ser substituído pelas performances técnicas.

Se a informação, às vezes, é técnica, a comunicação nunca pode ser assim a longo prazo. É essencial preservar o vaivém entre o ser humano e a tecnologia, nunca esquecendo que o mais complicado e o mais difícil vem sempre da comunicação e da antropologia política.

Este livro foi confeccionado especialmente
para a Editora Meridional Ltda., em Utopia Std,
11/14 e impresso na Ideograf.